청소년을 위한
예민함이라는 무기

THE HIGHLY SENSITIVE TEEN

청소년을 위한
예민함이라는 무기

레아 노릭 지음 노지양 옮김

나무생각

The Highly
Sensitive Teen

남들이 놓친 작은 것까지 볼 수 있는 특별한 감각 능력

추천사

레아의 어머니가 레아에게 HSP에 관한 책을 건넸듯이, 레아도 청소년들에게 이 따뜻한 책을 선물로 건네기 위해 썼다. 섬세하고 다정한 목소리로 그들을 이해하고 격려하며, 일상에서 도움이 될 수 있는 조언을 아낌없이 전해주는 책이다. 무엇보다, 예민한 기질을 가진 이들이 세상에 혼자만 있는 것은 아니라는 그녀의 말이 큰 위로가 된다.
— 수지 클릭, LPC, 개인 상담 치료사

레아 노링은 이 책으로 고도로 민감한 기질을 지닌 청소년들이 스스로를 이해할 수 있도록 쉽고 따뜻하게 이끌어준다. 동시에 그 민감함으로 인해 때때로 마주하게 되는 어려움들을 다루는 데 도움이 되도록 구체적인 방법들도 소개한다. 청소년 내담자와 그들의 부모에게 꼭 권하고 싶은, 믿음직한 안내서가 될 것이다.
— 테일러 트러셀, 공인 상담사

우리가 오래도록 기다려온 책이 드디어 나왔다. 책의 처음부터 끝까지, 레아 노링은 사려 깊고 꼭 필요한 조언들을 담았다. 일상에 바로 적용할 수 있는 사례, 자료, 조언들로 가득한 이 책은 단순히 '견디는 법'을 넘어서 예민한 십 대들이 자신답게 살아갈 수 있도록 다정하게 이끌어준다.
— 리사 헤든 박사, 공인 상담사 및 상담교육 전문가

십대 청소년과 그 가족 모두에게 깊은 공감과 실질적인 도움을 주는 소중한 책이다. 감정의 강도나 과자극을 다루는 데 유용한 정보와 자기 점검, 일상에서 적용할 수 있는 다양한 대처 방안들이 담겨 있어, 민감한 기질을 지닌 십대들이 스스로를 이해하고 성장해 가는 데 큰 힘이 된다. 건강한 관계 맺기와 자기 발달을 자연스럽게 이끌어주기에, 신경다양성을 가진 아이들과 함께하는 현장에서도 활용하고 싶은 책이다.

　　　　— 리사 미첼, 신경다양성 및 정서 회복 전문가

십대의 두뇌는 여러 자극에 예민할 수밖에 없도록 설정되어 있다. 이를 설명하기 위해 복잡한 생물학 강의를 하지는 않겠다. 그저 청소년의 두뇌는 건물이 한 층씩 올라가고 있는 공사 현장이라고 말하고 싶다. 신경과학에 따르면 청소년의 뇌는 편도체가 매우 활발하게 활동하기 때문에 실제로는 안전하고 무사한 상황에서도 어떤 일들을 '위험하다'고 느낄 수 있다고 한다. 따라서 세상의 모든 십대는 예민하다고 할 수 있다.

만약 이 책을 읽고 있다면 (혹은 자녀가 십대라면) 이미 어렸을 때부터 예민했을 가능성이 높을 것이다. 또래 중에서도 훨씬 더 예민한 편에 속했을 수도 있다.

이제까지 살면서 가족이나 주변 사람들에게 "너무 〇〇하다"라는 말을 숱하게 들어본 적이 있을지도 모른다. 비판에 너무 민감하다, 낯선 환경이나 새로운 사람들을 만나면 너무 불편해한다, 어떤 일이 뜻대로 흘러가지 않을 때 너무 초조해한다, 사람들을 너무 배려한다, 너무 감정적이다, 너무 불안해한다, 너무 낯을 가린다 등등. '너무' 다음에 나올 단어는 아마 여러분이 더 잘 채울 수 있을 것이다.

그런데 "너무 〇〇하다"라는 말을 우리를 잘 알고 아끼고 사랑하고 도와주려고 하는 가까운 사람들에게 들으면 조금 혼란스러워진다. 아무리 좋은 의도를 가지고 있더라도 HSP(Highly Sensitive Person: 고도로 민감한 사람)가 무엇인지 제대로 이해하고 있지 못하다면 그들의 조언이나 염려는 그다지 큰 도움이 되지 않는다.

혹시 자신이 HSP라고 생각된다면, 이 책이 큰 도

움이 될 것이다! 저자인 레아 노링 박사는 도움이 되는 이유를 다음 세 가지로 설명한다.

첫째, HSP로 살아간다는 것이 무엇인지 이해할 수 있게 함으로써 우리가 어떤 면에서건 "너무 ○○한" 사람이라는 생각에서 벗어나도록 도와줄 것이다.

둘째, 스스로를 더 잘 이해하게 됨으로써 자신에게 필요한 것들을 주변 사람들에게 합리적으로 설명할 수 있도록 해줄 것이다.

셋째, 스스로를 돌볼 수 있고, 다른 사람을 불편하게 하지 않으면서도 적당한 선을 그을 수 있도록 도와줄 것이다. 또한 HSP로 사는 것 자체가 선물과 같음을 받아들이고 누릴 수 있게 해줄 것이다.

그렇다. HSP는 선물이고 축복이 될 수도 있다. 신경 발달에 대한 다양한 기질을 아는 사람으로서 예민한 기질을 가지고 사는 것이 때로 얼마나 힘든지 잘 알고 있다. 하지만 이 기질을 잘 다루기만 한다면 우리 삶의 특별한 축복이 될 수 있다는 점도 알고 있다.

자신만의 특별한 예민함을 인지하고 받아들이면 인생에서 더 많은 기쁨과 만족을 경험할 수 있다. 어쩌면 지금 이 순간도 우리 두뇌의 과하게 활성화된 편도체가 우리에게 잘못된 메시지를 보내고 있을지 모른다. 책에서 말하는 기쁨과 만족을 기대하는 것은 "너무 이상적이라고" 하고, 내가 HSP라는 점이 내 인생에 그다지 중요하지 않다고 말하고 있을지도 모른다.

하지만 그건 사실이 아니다. 인정하고 싶지 않은 비밀이 하나 있는데, 대다수의 어른들 또한 여전히 자기 자신을 받아들이지 못하고 힘겨워한다는 점이다. 사실 누구나 머릿속에 끊임없이 자아비판을 하는 목소리를 적어도 하나씩은 갖고 있고, 어쩌면 그 목소리를 십대 청소년 때부터 들어왔을 가능성이 매우 높다.

세상에서 가장 편안한 장소에서 몸을 편안히 기대고 앉아 진지하게 내가 어떤 사람인지 깊이 생각해 보자. 예민한 나를 이해하기 시작하는 것은 곧 나 자신을 생각하는 토대를 세우는 것이고, 이 토대는 평생 동안 나를 든든히 받쳐 줄 것이다.

일레인 테일러 클라우스
작가, 마스터 인증코치(MCC)
ImpactParents.com

차례

추천사   5

들어가며   15

CHAPTER 1 ― 나는 예민한 사람일까?   19

HSP 테스트   22

HSP의 뇌에 관하여   27

내성적인가, 외향적인가   35

민감함의 여러 유형들   36

CHAPTER 2 ― 가족들에게 예민한 나에 대해 말하기   45

부모님에게 말하기   48

형제자매에게 말하기   54

조부모님에게 말하기   58

재혼 가정에서 가족들에게 말하기   59

모두가 이해하는 건 아니다   60

준비가 될 때까지 기다려라   62

CHAPTER 3 ― 남보다 예민한 나, 학교에서 괜찮을까?   63

교사들이 호의적이지 않을 때   69

도울 수 있는 부분과 도울 수 없는 부분   72

공식적인 제도가 있을까?   75

학교에서의 여러 인간관계, 문제 없을까?   77

한 걸음 물러서거나 나서서 말하기   80

CHAPTER 4 ― 친구들끼리는 솔직하고 당당하게   83

누구에게 이야기할까?   87

어떻게 이야기를 시작할까?   89

부탁하기 vs 불평하기   92

관대함과 고마운 마음 갖기   94

갈등보다는 평화가 좋다   96

CHAPTER 5 ― 내가 편안해야 다른 사람도 편안하다   99

당당하고 솔직하게 말하기   103

주도적인 삶을 위한 경계선 정하기   107

용기 내어 경계선 알리기   111

CHAPTER 6 ― 나는 내가 가장 잘 알고 있다   115

내면의 평화를 지키고 되찾기   118

마음 안정 키트 만들기   125

지나친 자극에서 물리적으로 벗어나기   127

CHAPTER 7 ― 어울리기 버거운 사람들이 있다   133

지나치게 외향적인 사람들   136

도전적 성향을 가진 사람들   139

비판적 성향을 가진 사람들   141

집요은 유형의 사람들   146

열정이 과도한 사람들   149

왜 어떤 사람들은 같이 있기 힘들까?   152

CHAPTER 8 ─ 낯선 환경에서 예민함 다스리기   153

친구 집에서 하룻밤 자고 올 때   156

친구의 가족들과 여행 갈 때   161

합숙 캠프에 참가했을 때   164

소풍이나 수학여행 갈 때   167

대학교 진학을 위해 집을 떠날 때   168

CHAPTER 9 ─ 또 다른 유형의 특별한 민감자들   171

자폐 스펙트럼 장애   174

편식과 회피·제한적 음식섭취장애   177

강한 자극 추구 성향   179

주의력 결핍 과잉행동장애   183

CHAPTER 10 ─ 나는 안전하고 모든 것이 괜찮다   185

생각이 현실을 만들어낸다: 인지행동치료   188

나를 수용하고 균형을 찾는다: 변증법적 행동치료   192

CHAPTER 11 ─ 나를 나로 완성하는 긍정의 말들   199

긍정 확언 말하기   202

참고 문헌   205

들어가며

예민함은 굉장히 예민한 주제다.

적어도 나에게는 그랬는데, 그 이유는 말해주고 싶다. 희미하게 기억나는 건 아주 어릴 적 유치원 선생님이 엄마에게 이렇게 말했던 것이다.

"아이가 지나치게 예민하네요."

그 이후로 학부모 상담에서 비슷한 내용의 이야기가 여러 차례 나왔고, 생활기록부마다 같은 맥락의 글이 고등학교를 졸업할 때까지 적혀 있었다.

"그렇게 예민해서 이 세상 살아갈 수 있겠니?"

아무 의심 없는 사람들에게 짓궂은 장난을 걸어서 깜짝 놀라게 하는 TV 예능 프로그램을 보면서 괴로워하자, 한 친구가 나에게 이렇게 말했다.

하지만 나는 이 세상을 살아가지 못할 정도로 예민하지는 않다. 우리 모두 마찬가지다! 이 세상은 매우 예민한 사람들의 시각과 관점 덕분에 더 나은 곳이 되어왔고, 그런 사람들이 없다면 이 세상은 지금보다 덜 아름답고 덜 멋진 곳이 될 것이다. 청소년기는 자신들의 예민한 기질을 이제 막 발견하기 시작하는 단계라서 많은 청소년이 자기 자신의 모습으로 존재하면서 이 세상을 더 아름답게 만들고 있다는 사실을 깨닫지 못할 때가 많다. 그래서 예민한 청소년들을 위한 이 책을 집필할 기회가 생겼을 때 바로 쓰겠다고 했다.

예민한 사람들은 종종 이런 말을 듣곤 한다.

"넌 좀 강해져야겠다."

"그냥 그런가 보다 생각해."

하지만 나는 이 책에서 강해지라는 말을 하고 싶지는 않다. 예민한 사람들이 왜 어떤 상황을 불편하다고 느끼는지와 그때 어떻게 해야 하는지에 대해 이야기하고 싶다.

일레인 N. 아론 박사의 《타인보다 더 민감한 사람(The Highly Sensitive Person)》이 출간된 것은 1996년인데, 내가 현관문을 열자마자 엄마가 그 책을 불쑥 내밀었다.

"너 주려고 샀어. 너한테 꼭 필요한 책 같더라."

책을 받아 표지와 제목을 흘깃 보았다. 예민한 사람 이야기라고? 왠지 나에게 맞는 책처럼 보였다.

그날 밤, 소파에 파묻혀 책을 읽기 시작했다. 그 책 안에는 흥미로운 생각들과 매혹적인 공상들로 가득한, 깊고 풍부한 내면을 가진 사람들에 대한 설명이 있었다. 음악과 예술에 유난히 깊은 영향을 받는 사람들 이야기도 있었다. 가끔 음악이나 미술 작품을 보고 너무 감동하여 눈물을 흘리기도 하지만 어느 때는 너무 동요하거나 거부감을 느끼기도 하는 나에 대해서 생각했다. 아론 박사는 무언가 거대한 세계로 안내하고 있었고, 나는 이 책이 많은 사람의 삶을 변화시킬 것이라 직감했다.

이후 30여 년이 흐르는 동안 '고도 민감성'을 주제로 한 책들도 수십 권 넘게 출간되었다. 이 책들은 많은 사람의 인생을 바꾸었고, 이 책들 덕분에 이 사회가 고도 민감성을 보는 방식도 서서히 변화하기 시작했다. 이제는 교사들도 감각적인 면에서 다소 어려움을 가진 학생들이 있을 때 어떻게 대처해야 하는지 알 것이다. 그동안 개개인의 성격과 기질적 특성에 대한 많은 연구와 대화가 있었고, ADHD와 자폐 같은 경우는 두뇌가 구조적·기능적·화학적으로 다르게 작동한다는 과학적 사실도 널리 알려졌다. 따라서 '고도 민감성'이라는 개념이 생기고, 이에 대한 다양한 이야기들이 펼쳐지는 것 또한 이와 같은 긍정적인 인식의 변화 중 하나라고 생각한다.

이 책은 청소년을 위해 쓴 책으로, 고도 민감성이 무엇이고 고도로 민감한 개인, 즉 HSP로 살아가는 것이 무엇을 의미하는지 기초부터 설명한다. 실생활에 바로 도움이 될 수 있는 안내서를 지향했는데, 이를테면 부모, 교사, 친구들에게 자신의 기질에 대해 설명해야 할 때 어떻게 해야 하는지 구체적 방법을 제시하고 있다. 한 번쯤 깊이 생각해 보면 좋을 질문들도 넣었다. 일기나 수첩을 옆에 두고 이 질문에 대한 답을 적어가면서 읽어도 좋을 것이다. 어떤 설명이나 목록에서는 나에게 적용되는 용어를 선택해야 할 수도 있다.

마지막으로 책의 결론에서는 용기와 확신을 주는 문장들을 넣었다. 언제든 볼 수 있는 곳에 적어두거나 인쇄해서 붙여두고 스스로에게 자주 말해주도록 하자.

또한 이 책에서는 우리 같은 사람들이 받는 비판에 대처하는 법, 집이 아닌 다른 곳에서 자야 할 때 편안해지는 방법, 친구들 사이에서 생길 수 있는 사건과 갈등에 대처하는 방법, 온 세상이 나에게 공격을 해오는 것만 같은 힘겨운 날에도 동요하지 않는 방법에 대해서 이야기할 것이다.

이미 세상에는 HSP 관련 책들이 다수 나와 있다. 그런데 굳이 청소년을 위한 책이 따로 필요할까? 나는 앞으로 십대를 위한 쓸 만한 책이 몇 권은 더 나와야 한다고 생각한다. 우리와 같은 청소년들, 민감성이라는 기질을 선물 받은 사람들이 세상이 어떻게 돌아가고 그 안에서 나의 자리가 어디인지 알아가는 것은 쉽지만은 않고, 그 과정에서 격려와 조언이 반드시 필요하기 때문이다.

CHAPTER 1
나는 예민한 사람일까?

"넌 너무나 예민해!"

이런 말을 자주 듣는가? 그렇다면 예민한 사람일 수는 있겠지만 그렇다고 해서 '너무나' 예민한 사람은 아닐 것이다. 또한 예민하다는 것이 나쁜 점도 아니기 때문에 지금보다 더 무뎌져야 한다거나 내가 아닌 다른 사람이 되어야 한다는 의미는 더더욱 아닐 것이다.

예민하다는 것은 내 주변에서 벌어지는 일과 내 안에서 일어나는 일을 매우 잘 의식하고 있다는 뜻이다. 예민한 사람들은 상스러운 언어, 시끄러운 소리, 눈부신 조명, 슬픈 음악, 자극적인 냄새, 불편한 의자 같은 것들을 의식한다. 이런 것들이 너무나 압도적으로 느껴져 다른 사람들보다 더 크게 영향을 받기도 한다. 하지만 괜찮다! 이 세상은 예민한 사람들이 필요하다. 분위기가 부정적으로 바뀌거나 한쪽으로 치우칠 때 가장 먼저 알아채는 사람들은 그 안에서 가장 예민한 이들이다.

예민한 사람들은 상당히 많다. 당신은 절대로 혼자가 아니라는 말이다. 심리학자이자 HSP 연구의 선구자인 아론 박사는 (2023년에) 전 인구의 15퍼센트에서 20퍼센트가 HSP에 속할 것이라고 말했다. 알고 보면 이 세상에는 나처럼, 그리고 당신처럼 좀 더 예민하게 삶을 경험하는 사람이 아주 많다.

그저 조금 예민한 사람이 아니라 '고도로' 예민한 사람인지를 아는 방법이 있을까? 당연히 있다!

HSP 테스트

나에게 해당하는 부분에 각각 체크를 해보자.

큰 소리는 나를 불편하게 한다.

☐ 매우 그렇다   ☐ 그렇다   ☐ 보통이다   ☐ 전혀 아니다

내가 있는 공간에 좋은 향이 났으면 좋겠다.

☐ 매우 그렇다   ☐ 그렇다   ☐ 보통이다   ☐ 전혀 아니다

사람들은 내가 낯을 가리고 수줍어한다고 생각한다.

☐ 매우 그렇다   ☐ 그렇다   ☐ 보통이다   ☐ 전혀 아니다

주변의 미세한 변화를 감지하는 편이다.

☐ 매우 그렇다   ☐ 그렇다   ☐ 보통이다   ☐ 전혀 아니다

내 주변에서 사람들이 다투는 것이 싫다.

☐ 매우 그렇다   ☐ 그렇다   ☐ 보통이다   ☐ 전혀 아니다

다른 사람이 나를 쳐다본다고 느껴지면 너무 신경 쓰인다.

☐ 매우 그렇다   ☐ 그렇다   ☐ 보통이다   ☐ 전혀 아니다

해야 할 일이 한꺼번에 많아지면 정신이 없고 괴롭다.

☐ 매우 그렇다   ☐ 그렇다   ☐ 보통이다   ☐ 전혀 아니다

갑자기 큰 소리를 들으면 깜짝 놀라거나 무서움을 느낀다.

☐ 매우 그렇다 ☐ 그렇다 ☐ 보통이다 ☐ 전혀 아니다

슬픈 이야기를 듣거나 영화를 보면 눈물이 나거나 잔상이 오래간다.

☐ 매우 그렇다 ☐ 그렇다 ☐ 보통이다 ☐ 전혀 아니다

폭력 장면이 많이 나오는 영화나 드라마를 보지 못한다.

☐ 매우 그렇다 ☐ 그렇다 ☐ 보통이다 ☐ 전혀 아니다

선생님이나 친구의 사소한 말에도 상처를 받는 편이다.

☐ 매우 그렇다 ☐ 그렇다 ☐ 보통이다 ☐ 전혀 아니다

누군가의 기분을 빨리 눈치채는 편이고 눈치 보느라 피곤할 때가 있다.

☐ 매우 그렇다 ☐ 그렇다 ☐ 보통이다 ☐ 전혀 아니다

밝은 조명이나 깜빡이는 불빛을 유난히 더 싫어한다.

☐ 매우 그렇다 ☐ 그렇다 ☐ 보통이다 ☐ 전혀 아니다

다른 사람들보다 감정을 더 깊이 느끼는 편이다.

☐ 매우 그렇다 ☐ 그렇다 ☐ 보통이다 ☐ 전혀 아니다

친구들과 어울리는 것보다 쉬는 시간이나 혼자 있는 시간이 더 많이 필요하다.

☐ 매우 그렇다   ☐ 그렇다   ☐ 보통이다   ☐ 전혀 아니다

어떤 일을 결정하기까지 꽤 많은 시간이 걸린다.

☐ 매우 그렇다   ☐ 그렇다   ☐ 보통이다   ☐ 전혀 아니다

주변 환경이 번잡스러우면 안정이 안 되고 신경 쓰인다.

☐ 매우 그렇다   ☐ 그렇다   ☐ 보통이다   ☐ 전혀 아니다

음식의 맛이 자극적이거나 식감이 낯설거나 냄새가 강하면 먹기 힘들어한다.

☐ 매우 그렇다   ☐ 그렇다   ☐ 보통이다   ☐ 전혀 아니다

변화에 준비할 시간이 주어지지 않았을 때 루틴이나 환경이 변하면 무척 불안해한다.

☐ 매우 그렇다   ☐ 그렇다   ☐ 보통이다   ☐ 전혀 아니다

매우 그렇다: 7점

그렇다: 4점

보통이다: 1점

전혀 아니다: 0점

이 테스트 결과에서 95점 이상을 받았다면 아마도 나는 HSP일 가능성이 높다. 이렇게 생각할 수도 있다.

'내가 HSP란 말이야? 이 정도로 예민할 줄은 몰랐는데! 그러면 이제 어떡해야 하지?'

사실 지금 당장 무엇을 할 필요는 없다. 하지만 잠깐이라도 그 자리에 멈춰서 HSP의 개념과 자신이 예민한 사람일 수 있다는 생각을 편안하게 받아들이는 편이 좋다.

열네 살의 에밀리는 이 테스트 결과 99점이 나왔는데 놀라면서도 안심했다고 한다.

이제야 알았어요! 평소에 언니나 엄마와 내가 다르다고 느낀 적이 많았고 그 이유가 궁금했어요. 식구들이 말다툼을 하거나 목소리를 높이면 나는 왜 꼭 방에 숨어야만 할까? 왜 잔인한 장면이나 피가 나오는 영화를 보면 시선을 돌리거나 그 방에서 나와야 할까? 왜 매운 음식을 거의 못 먹을까? 내가 별난 사람이라고 생각했어요. 하지만 별난 게 아니라 그저 조금 다른 것뿐이었어요.

테스트를 해보면서 어떤 감정을 느꼈는지 자신을 들여다보자. 이 테스트 중에 나와 가장 밀접하게 관련이 있다고 느낀 항목이 있는가? 자신이 고도로 민감하다는 사실을 알게 되었을 때 어떤 감정이 스쳐갔는가?

25

오늘 하루를 돌아보자. 오늘 했던 생각이나 느꼈던 감정 중에 고도 민감성과 관련이 있다고 생각되는 것이 있을까? 다음 중에서 자신에게 적용된다고 생각되는 단어에 동그라미를 해보자.

호기심　안심　행복　냉소　겁먹음　불안　열정
짜증　명랑　평화　혼돈　기쁨　두려움

테스트 중에서 자신과 '가장' 가깝다고 느낀 다섯 개의 항목은 무엇인가?

HSP의 뇌에 관하여

HSP라는 게 실재하는 것일까? 당연하다! HSP는 Highly Sensitive Person의 약자로, '고도로 민감한 사람'이라는 뜻이다. 이 용어를 고안해 낸 아론 박사는 다른 사람들보다 확연히 더 민감한 사람들이 있다는 사실을 발견하고 이 연구를 본격적으로 시작했다고 한다.

아론 박사가 볼 때 HSP는 감정적으로 굉장히 예민하고, 시각, 청각, 후각, 촉각, 미각 같은 감각에도 예민하며 주변의 모든 것에 민감한 사람들이었다. 한편으로, 이 사람들은 공감력이 뛰어나고 창의적이며 더 깊이 사고하는 성향이기도 했다. 아론 박사는 자신에게도 그런 특성이 있다는 것을 알았다. 그리고 자신의 상담사에게 전반적으로 매우 예민한 편이라는 말을 들은 후에 이 분야를 더 심도 있게 탐구하기 시작했다(Morissette, 2017).

아론 박사는 이렇게 보통 사람들보다 외부 자극에 유독 민감한 사람들을 가리키는 용어가 있어야 다른 사람들뿐만 아니라 그들 스스로도 자신을 잘 이해하게 되리라 생각했다. 무엇보다 그녀는 HSP가 세상을 조금 민감하게 경험하는 이유, 즉 그들의 뇌가 신경과학 차원에서 다르게 작동하기 때문이라는 사실이 널리 알려지길 바랐다.

다음에 설명하는 HSP의 뇌에 관한 사실들은 이들의 뇌가 큰 에너지를 갖고 있음을 방증한다(Daniels, 2023).

HSP의 뇌는 다른 사람의 뇌보다 더 열심히 일한다

HSP의 뇌에서는 시각 및 주의력 처리를 담당하는 대상피질과 전운동피질에서 더 활발한 활동이 이루어진다. 이는 다섯 가지 감각으로부터 정보를 받아들일 때, 그 정보를 뇌로 하여금 매우 강력하게 경험하게 한다는 뜻이다.

HSP의 뇌에는 거울 뉴런이 더 많다

'거울 뉴런(mirror neuron)'이란 인간의 공감력과 관련된 뇌세포다. 거울 뉴런이 많다는 것은 타인의 감정을 다른 사람들보다 더 섬세하게 받아들인다는 뜻이다. 상대가 아무 말을 하지 않아도 그가 화났는지 실망했는지를 알아챌 수 있다. 거울 뉴런이 많을수록 다른 사람들의 의도와 속마음을 더 빨리 알아채기도 한다.

HSP의 뇌는 강렬하고 선명한 감정을 느끼게 한다

감정이 강하고 깊게 느껴지게 하는 건 복내측 전전두엽(ventromedial prefrontal cortex)이다. 이 부위는 우리가 느끼고 있는 감정을 인식하고 이해하도록 돕는 일을 한다. 이 부위가 발달해 있으면 어떤 감정을 더 선명하고 생생하게 체험하게 되는데, 때로는 이 경험이 부담스러울 정도로 강렬할 수 있다.

HSP의 뇌는 세로토닌을 다르게 사용한다

신경전달물질은 한 신경세포에서 다른 신경세포로 메시지를 전달하는 화학물질이다. 그중 하나인 세로토닌은 뇌 속의 뉴런이 감정과 관련된 정보를 주고받도록 돕고, 감정을 안정시켜 주기도 한다. 그러나 HSP의 뇌는 세로토닌의 수치를 오래 안정적으로 유지하기가 상대적으로 어렵기 때문에 강하게 다가오는 감정을 다스리기 위해서 더 많은 노력이 필요할 수도 있다. 반면에, 이런 특성은 강한 감정을 느끼게 함으로써 경험을 통해 배우는 탁월한 감각을 길러주고 대응 능력까지 체득하게 해준다.

HSP의 뇌는 도파민 반응이 다르다

도파민 또한 신경전달물질의 하나로, 우리의 기분을 좋게 만들어 해야 할 일에 흥미를 느끼고 의욕을 갖게 한다. 도파민은 신경계를 자극해 일을 진행시키고 성취하게 하면서 지금 일어나는 일에 만족감을 느끼게 하기도 한다. 하지만 HSP의 신경계는 기본적으로 다른 사람들보다 훨씬 민감하게 반응하기 때문에 의욕을 불러오기 위해 그렇게까지 많은 도파민이 필요하지는 않다. 따라서 HSP에게는 정신없고 분주하고 당장 무언가를 해야 할 것만 같은 자극적인 환경은 부담으로 느껴질 수 있다.

HSP의 뇌는 노르에피네프린을 다르게 사용한다

신경전달물질인 노르에피네프린은 스트레스를 조절하는 역할을 하는데, 감정이 스트레스로 가해지지 않도록 방지한다. 반면, 우리가 느끼는 감정을 더욱 또렷하게 만들기도 한다. 그래서 다른 친구들은 소셜미디어에서 비극적인 뉴스 영상을 아무렇지 않게 볼 수 있어도 HSP의 경우에는 그런 영상을 보는 일이 감당하기 어려울 수 있다.

HSP의 뇌섬엽은 더 강하게 활성화된다

뇌섬엽(insular cortex: 대뇌섬피질)은 의식과 감정에 관여하는 두뇌 영역이다. 이는 우리의 몸속에서 느껴지는 감각, 예를 들어서 통증, 허기, 감정을 이해하도록 도와준다. HSP의 뇌섬엽은 상대적으로 더 강하게 활성화되는 편이기 때문에 여러 종류의 감각을 과도하게 의식하거나 반응하게 된다.

HSP의 중측두회는 특히 더 활발하게 작동한다

중측두회(middle temporal gyrus)는 감각 인식과 관련된 다양한 처리를 담당한다. 다시 말하면 오감이 받아들이는 자극과 그에 대한 반응을 해석하도록 돕는다. 이 영역 덕분에 우리는 큰 소리, 밝은 빛, 강한 냄새, 다른 사람들의 감정적 반응을 자신이 어떻게 생각하고 어떻게 느끼는지 더 명확하게 알아차릴 수가 있다.

우리의 두뇌가 독특한 방식으로 작동한다는 사실을 이해한다면 삶에 어떤 방식으로 도움이 될까? 예를 들어 보자. HSP의 뇌는 정보를 남들과는 다른 방식으로 처리하기 때문에 의사 결정도 다른 방식으로 할 수가 있다. 오감을 통해 많은 자극을 받고 그에 따라 다양한 감정을 경험하기 때문에 의사 결정을 할 때도 즉흥적이고 충동적이기보다는 점진적이고 신중한 경향이 있다. 아마 그래서 인생에서 중요한 일을 결정할 때나 다른 사람에게는 사소해 보이는 문제를 결정할 때조차 압박을 받거나 서둘러야 하는 상황을 굉장히 거북해할 것이다. 이렇게 우리 두뇌에 대해 알면 알수록 자신이 왜 이렇게 생각하고 행동하는지 잘 이해하게 되고 자신에 대한 신뢰도 회복하게 된다.

위에 열거된 HSP의 두뇌와 관련된 여러 특징 중에서 "맞아. 바로 나야!"라고 생각한 지점이 있는가? 이 중에서 가장 흥미롭게 느껴지거나 더 알고 싶은 사실 세 가지는 무엇인가?

열다섯 살의 잭은 자신에게 HSP 기질이 있다는 것을 알기 전까지만 해도 자신의 뇌가 어떻게 작동하는지에 대해 크게 관심이 없었다.

나는 과학 과목을 별로 좋아하지 않아요. 흥미 있는 분야는 역사나 음악이에요. 생물 시간에 멍하니 딴생각을 하거나 화학 시간에도 칠판만 보고 있어요. 그런데 내 두뇌가 남들과 다르게 작동한다는 글을 읽고부터 과학에도 조금 관심이 생겼어요. 나는 아주 어렸을 때부터 시끄러운 소리나 밝은 조명에 유난히 힘들어했어요. 공부방의 조명이 어두컴컴해야 집중이 잘 되는데 너무 밝으면 생각이 다 흩어져 버려요. 아빠가 어두한 조명 아래서 공부하는 나를 보고 불을 환하게 켜고 하라고 하길래 나의 중측두회에 대해 설명드렸더니 그때부터 아무 말씀 안 하셨어요!

예민한 사람들은 주변 사람들과는 주파수가 다르다고 느낄 때가 있는데 실제로 그런 경우가 많다. 이들의 감정과 오감은 환경에 훨씬 민감하고 강렬하게 반응하기 때문에 다른 사람들이 놓치는 부분까지 세세하게 알아채기도 한다. 다른 사람들과 다른 이 차이들 덕분에 예민한 사람들은 더 관찰력이 뛰어나고, 통찰력이 있으며, 직관적이고, 공감을 잘하고, 생각이 깊으며, 배려를 잘하고, 자기 인식이 뛰어난 사람이 되는 것이다.

예민한 사람들은 특정 부분이 더 발달된 두뇌를 이용해 주변의 많은 것들을 인식하고 그 인식한 대상에 더 강렬하게 반응하면서 살아간다. HSP의 두뇌에 관한 여러 논문에 따르면 HSP 기질 중 일부는 유전적이고 일부는 아주 어린 시절부터 형성되어 왔을 수 있다. 갓난아기 때부터 혹은 태어나기 전부터 형성되었을 수도 있다.

따라서 HSP는 하나의 존재 방식일 수 있다. 그리고 이는 문제가 아니라 선물이다. 최근 연구에 따르면 전체 인구의 약 30퍼센트가 HSP로 분류될 수 있다고 한다. 따라서 지금 HSP라 느끼는 당신은 절대로 유별난 별종이 아니다!

어떤 사람들은 우리에게 낯을 가리고 까다롭고 이기적이고 별난 사람이라는 꼬리표를 붙이기도 한다. 이렇게 단순하게 규정짓는 것은 HSP를 직접적으로 공격하는 것과

같다. '낯을 가린다'라든가 '자기 취향이 확실하다' 같은 단어
는 중립적인 단어로 보이기도 하지만 자꾸 들으면 비난받거
나 오해받는다고 느끼게 된다. 이런 식의 꼬리표가 자주 따라
다니면 자신이 이 세상에 잘 적응하지 못한다거나 어딘가 부
족한 사람처럼 생각되기도 한다.

열다섯 살의 스텔라도 평소에 그렇게 느낀 적이
많았다고 말한다.

내가 진학한 고등학교는 전교생 수가 무척이나 많
았고 어디에나 사람들이 북적대는 걸로만 보였어
요. 복도도 시끄러웠고 식당도 소란스러웠는데,
나는 그 점이 너무 신경 쓰였어요. 또 나만의 공간
이 확보되지 않았어요. 화장실에 가서도 밖에서
다른 사람들 뒷담화를 하는 아이들 때문에 스트레
스를 받았어요. 나를 혼자만의 세계에 갇힌 은둔
형 인간이라고 하는 친구들도 있지만 나는 그렇
지 않아요. 내가 얼마나 다정하고 의리 있는 친구
가 될 수 있는데요. 나도 친구들과 어울리는 걸 좋
아하고 재미있게 놀고 싶어요. 그저 나에게는 나
만의 공간이 필요하고 2천 명의 타인과 같은 건물
에서 지내기에는 하루에 여섯 시간이 너무 길다는
생각이 들어요.

스텔라는 '은둔형 외톨이'는 자신을 정확하게 묘

33

사하는 단어가 아니라고 생각한다. 어떻게 생각하는가? 다음은 HSP를 설명할 수 있는 단어들이다. 어떤 단어가 자신과 어울린다고 생각하는가? 자신과 관련되거나 공감 가는 단어가 있다면 표시를 해보자.

□ 직관력 있다   □ 관찰력 있다

□ 주의력 있다   □ 공감력 있다

□ 동정심 있다   □ 온화하다

□ 신중하다   □ 깊이 있다

□ 사려 깊다   □ 감각이 예민하다

□ 이해심이 넓다   □ 인내심이 있다

□ 직관적이다   □ 복잡하다

□ 눈치가 빠르다   □ 개인적이다

□ 평화주의다

내성적인가, 외향적인가

예민한 사람들은 혼자 있는 시간이 남들보다 자주 필요하고, 사람 많은 곳이나 시끄러운 환경을 기피하기 때문에 흔히 내향적인 사람이라고 여겨지는 경우가 많다. 하지만 예민한 사람 중에도 외향적인 사람이 있는가 하면 내향적인 사람도 있다. 내향성은 자신의 내적 세계에 집중하고, 그 안에서 에너지를 얻는 성향을 말한다. 이들은 많은 사람과 교류하거나 외부 활동이 많아지면 에너지가 소진된다고 느낀다. 반대로 외향성은 중심이 바깥세상으로 향해 있고 사람들과의 교류에서 에너지를 얻는 성향이다. 외향적인 사람은 다른 사람들과 만나 대화를 나누고 외부 활동을 하면 에너지가 충전된다.

외향적인 HSP는 감각이나 감정적인 자극이 지나칠 때 잠시 물러나서 쉴 필요가 있지만, 내향적인 HSP보다 더 빠르게 회복하고 다시 사람들 사이로 들어가려 하는 경우가 많다.

의외로 전체 HSP 중 약 30퍼센트는 외향적인 성향을 보인다고 한다(Aron, 2023). 예민한 기질의 사람이 반드시 내향적인 성향이 강하거나 말이 없고 수줍어하는 것은 아니다. 중요한 건 자극과 감정을 얼마나 받아들이고 처리하는가에 달려 있다. 안쪽 세계에 집중하는 사람도, 바깥세상에 관심이 많은 사람도 누구든지 예민한 사람일 수 있다.

민감함의 여러 유형들

일상 속에서 민감함은 사람마다 다르게 나타난다. HSP에 대해 이야기할 때는 일곱 가지 유형의 민감함에 대해 알아두면 좋다.

감정에 민감한 유형

어떤 감정이든 친구들보다 더 강렬하게 느끼고 경험한다고 생각한 적이 있을 것이다. 신경계 자체가 감정 상태에 예민하기 때문에 더 강렬하고 오래 지속되는 것이다. 이런 사람은 같은 감정이라도 조금 더 오랫동안 느끼고 충분히 경험하면서 속속들이 이해하고 소화하고 싶어 한다. 기쁨이든 슬픔이든, 분노든 실망이든 어떤 감정이든 그렇다.

또한 예민한 사람들은 주변의 정서적 분위기와 사람들의 감정까지도 자신의 감정 못지않게 민감하게 느끼는 경우가 많다. 교실이나 집에서 다른 사람이 속상해하면 덩달아 마음이 무거워진다. 다른 사람에게 비극적인 일이 일어나면 자신도 마음이 너무 아프다. 이렇게 깊고 강하게 감정을 느끼는 능력이 있기에 공감력이 뛰어난 사람이 되고 다른 사람의 감정을 자신의 감정처럼 느끼기도 한다. 남들보다 풍부한 감정을 느끼는 것은 마치 초능력 같은 강점이 되기도 하지만 때로는 피곤한 일이기도 하다. 나는 어떤 감정을 가장 강하게 느끼는지 생각해 보자.

열여섯 살인 러셀은 학교 밴드부 캠프를 갔다가

부모님께 전화해 집에 당장 데려가 달라고 할 뻔한 적이 있다. 여러 가지로 속상하고 힘들었는데 조용한 공간도 찾을 수 없고 혼자 감정을 정리할 시간도 주어지지 않아서다.

캠프에 가서 지내다가 내 가장 친한 친구가 트럼펫 파트의 파트장으로 뽑히지 않았다는 소식을 들었어요. 당연히 파트장이 되어야 할 친구였어요. 연주 실력도 뛰어나고 리더십도 좋아요. 그런데 선생님이 엉뚱한 사람을 지명했어요. 친구는 충격을 받았고, 나도 마찬가지였어요. 마치 그 일이 나한테 일어난 일처럼 억울하고 분통이 터졌어요. 너무 불공평하잖아요. 친구는 자기보다 실력도 재능도 없고 리더의 자질도 없는 단원에게 지시를 받아야 해요. 생각할수록 화가 났고, 슬퍼지기도 했어요. 오직 그 생각만 났고 답답해 미칠 것 같았죠. 그래서 연습하는 장소에서 잠깐 나와서 혼자 있을 만한 곳을 찾았어요. 이 일에 대해서 생각하면서 내 감정을 정리하고 싶었어요. 하지만 나를 보는 사람마다 무슨 일이 있는지 묻는 거예요. 그럴수록 이 모든 것이 다 부당하다는 생각이 들었어요.

이럴 땐 이렇게
———————
나의 감정이 잘못되지 않았다는 사실을 기억하자. 지금 감정을 있는 그대로 느끼자. 그래도 괜찮다!

가능하면 혼자 있는 시간을 만들어 나의 감정을 충분히 느끼고 소화하고 짚어보는 것이 좋다.

통증에 민감한 유형

신체적 통증은 대다수 사람이 두려워하지만 예민한 사람들은 다른 사람보다 통증을 더 강하게 느끼는 경우가 많다. 신경계가 더 민감하게 반응하기 때문이다.

연구에 따르면 HSP는 일반 사람들보다 통증의 역치와 통증 인내도가 상대적으로 더 낮을 수 있다고 한다. 어쩌면 부모님이나 의사가 예상하는 수준보다 훨씬 더 아프게 느낄 수 있다.

또한 몸의 미세한 변화를 다른 사람들보다 훨씬 더 민감하게 알아채는데, 실제로 몸 안에서 더 많은 자극이 일어나기 때문이다. 이들이 나약하거나 엄살이 심해서가 아니다. 실제로 다른 사람보다 더 강하고 날카로운 통증을 느낀다. 머리가 더 깨질 듯 아플 수 있고, 배가 더 오래 아플 수 있고, 발목이 삐었을 때나 벌에 쏘였을 때 분명 더 쑤시거나 따갑다고 느낄 수 있다.

몸이 분명히 아픈데 주변 사람들에게 얼마나 아픈지 설명하기가 어렵고 이해받지 못한다고 느낀 적이 있을까?

이럴 땐 이렇게

다른 사람들이 유난 떤다고 말할까 봐 두려워서 혼자 통증을 참고 있지는 말자. 내 몸의 전문가는 나 자신이고 내가 어떻

38

게 느끼는지는 내가 가장 잘 안다. 아플 때 얼마나 아픈지 숨기지 않고 말할 수 있어야 한다.

소리에 민감한 유형

소리에 민감하다는 것은 다른 사람들보다 소음이나 음악에 더 강하게 영향을 받을 수 있다는 뜻이다. 시끄러운 소음이나 갑작스러운 소리에 깜짝 놀라거나 불편함을 느끼고, 이 때문에 피곤해지거나 다른 일을 하지 못할 수도 있다. 듣기 싫은 음악은 지금 당장 참기 어려울 정도로 거슬릴수가 있고, 한편 좋아하는 음악이 흐르면 바로 위로받거나 감동하기도 한다.

다음 질문을 보고 천천히 생각해 보자.

- 나는 소리에 유독 민감한가?
- 유독 신경에 거슬리는 소리가 있는가?
- 듣기만 해도 기분이 좋아지는 소리가 있는가?
- 그 소리의 어떤 점이 좋은가?

내 귀와 마음을 편안하게 해주는 노래나 음악이 있다면 지금 들어보자. 듣고 나서 음악이 내 기분을 어떻게 변화시켰는지 살펴보자.

소리에 민감하면 다른 사람들은 잘 알아차리지 못하는 소리도 잘 들린다. 예컨대 멀리서 들리는 웅웅거리는 소음이라든가 다른 방에서의 대화 소리, 음정 차이, 시계 초침 소리, 혹은 거리 너머에서 들려오는 음악이 들리기도 한다.

소음이 심한 환경에 있을 때는 잠시 그곳을 벗어나 조용한 방이나 구석으로 옮기면 도움이 된다. 귀마개나 노이즈 캔슬링 헤드폰을 활용할 수도 있다. 소리가 너무 거슬려 마음까지 힘들어지기 시작하면 주변 친구나 가족들에게 소리를 줄이거나 꺼달라고 요구해도 괜찮다.

촉각에 민감한 유형

어떤 사물의 질감이 거칠거나 까슬까슬하면 불편함을 넘어 스트레스가 될 수가 있다. 옷에 붙어 있는 태그나 침대 시트나 담요의 질감이 계속 신경 쓰여서 일상생활이 힘들거나 잠이 오지 않는다. 또한 허리띠를 해야 하는 바지, 너무 달라붙은 스커트나 꽉 끼는 청바지를 입으면 계속 의식이 되고 불편하다. 군중 속에 있으면 신경이 곤두설 수 있는데, 그들이 내는 소리 때문이라기보다는 사람들과의 신체적 접촉 때문이다. 누군가와 스치거나 부딪치거나 손이 닿으면 불편하고, 때로는 포옹도 부담스럽다. 실외에서든 실내에서든 온도 변화에도 다른 사람들보다 민감하게 반응한다. 특히 추울 때는 다른 사람들보다 더 오들오들 떨 수도 있다.

내가 상상할 수 있는 가장 편안한 공간은 어떤 공간일까? 가장 편안한 의자나 소파나 내가 생각하는 최적의 촉감이나 온도를 떠올려 보자.

촉각에 민감한 사람들이라면 자신에게 편안하면서도 위안

이 되는 환경을 조성하기 위해 주의를 기울여야 한다. 이를 테면 촉감이 좋고 신축성 있는 원단의 옷을 입거나 포근하고 보드라운 침구류를 사용하는 것이다. 거칠거나 까슬까슬한 천은 되도록 사용하지 않아야 할 수도 있다. 또 누군가의 터치가 불편하거나 과하다고 느껴지면 솔직히 말하는 편이 좋다. 스스로를 보호하는 것이 중요하기 때문이다.

편안한 하루를 보내려면 입는 옷에 유의하고 부드러운 원단을 고르는 것도 좋다. 또 부드러운 침구에서 자고 방 안의 온도를 맞추는 방법도 알아두는 편이 좋을 것이다. 친구와 가족에게 옷감의 질감, 표면의 느낌, 체감 온도 등이 자신에게 얼마나 중요하고 영향을 미치는지 말해도 좋다. 그렇다고 해서 까탈스럽거나 유난 떠는 사람이 되는 것은 아니다. 편안하고 싶어 하는 것이 잘못은 아니다.

시각에 민감한 유형

시각에 민감하다는 의미는 색깔, 밝기, 무늬 그리고 사물이나 장면의 변화와 움직임 같은 시각적인 것에 강한 영향을 받는다는 뜻이다. 아마 다른 사람들은 잘 눈치채지 못하는 미묘한 차이를 알아볼 것이다. 이를테면 그림자가 어떻게 변하고 움직이는지, 방의 조명이 얼마나 밝고 은은한지를 바로 감지한 적이 있을 것이다. 시각적 민감성 때문에 너무 튀는 색이나 밝은색을 보면 눈이 피곤해지고 예민해지기도 하지만, 이 민감함은 자연이나 예술의 아름다움을 더욱 잘 감상할 수 있는 능력이 되기도 한다.

내가 가장 좋아하는 색이나 색상 조합은 무엇인지

떠올려 보자. 1년 사계절 중에 가장 아름다운 풍경은 무엇이라 생각하는가?

방이나 집 안의 조도를 은은하게 낮추면 스트레스가 낮아지고 마음이 안정되기도 한다. 공부하거나 잠을 자는 공간에는 물건을 너무 많이 두거나 어지럽히지 않는 것이 좋다. 또 가능할 때마다 자연이나 아름답고 위안이 되는 풍경 속에서 많은 시간을 보내려고 노력해 보자. 친구나 가족들과 대화하면서 자신이 좋아하는 것이 무엇이고, 스트레스를 주는 것이 무엇인지에 관해 자주 이야기한다.

미각에 민감한 유형

미각에 민감하다는 것은 긍정적이건 부정적이건 음식이나 음료에 몸이 강한 반응을 한다는 뜻이다. 어떤 양념이나 향신료는 너무 자극적이라고 느껴진다. 어떤 음식의 식감이 너무 싫어서 그 음식이 혀에 닿는 느낌을 떠올리고 처음부터 거부하기도 한다. 같은 음식이지만 조리법이 약간만 바뀌어도 차이를 민감하게 의식할 수도 있다. 평소 맛있게 먹었던 샐러드드레싱이지만 너무 많이 뿌려져 있거나 덩어리가 져 있으면 먹기가 곤란하다.

이런 예민한 미각의 사람들이 가진 긍정적인 면도 많다. 음식 재료나 조리법의 작은 차이도 알아차리니 요리의 맛이 어떤지, 어떤 식당이 맛있는지 알고 싶을 때 다른 사람들이 의견을 구할 것이다. 한편 미각에 예민한 사람들은 너무 자극이 강한 음식을 먹으면 소화를 잘 못 시키는 일도 많다.

나는 어떤 음식이나 양념에 강한 반응을 일으키곤 하는지 생각해 보자.

후각에 민감한 유형

후각에 민감한 사람은 주변에서 나는 냄새가 아무리 미세하고 은은해도 다른 사람들보다 더 민감하게 의식할 수밖에 없다. 어떤 냄새가 너무 역하게 느껴져 그 공간에서 나가고 싶어진 적이 있을 것이다. 때로는 세탁 세제 냄새, 진한 향수 냄새, 방향제 냄새, 음식 냄새, 담배 냄새 등이 견딜 수 없을 정도로 싫고 괴롭기도 하다.

때로는 냄새가 그저 정신적 스트레스만 유발하는 것이 아니라 실제로 두통이나 어지럼증으로 이어지기도 한다. 하지만 이러한 후각 민감성에도 긍정적인 면이 있다. 진정 효과가 있는 냄새, 향초, 꽃향기, 연한 향수 등 특별히 좋아하는 냄새에 바로 행복해지기도 한다는 점이다.

맡을 때마다 유난히 괴로워했던 냄새가 있는가?

세 가지만 떠올려 보자. 반대로 가장 좋아하는 향기 세 가지는 무엇인가?

이다음에는 어떻게 해야 할까?

이제 HSP란 무엇인가에 관해 기본 정보는 배웠다. 그렇다면 가족과 친구와 선생님에게 내가 알게 된 이 문제를 어떻게 알려야 할까? 앞으로 세 장에 걸쳐 이런 대화를 하는 방법에 대해 같이 고민해 보자.

CHAPTER 2
가족들에게
예민한 나에 대해 말하기

이제 나는 내가 대다수 사람들보다 더 예민한 감각을 가지고 있고, 감정 또한 더 강렬하고 생생하게 느낀다는 사실을 알게 되었다. 그런데 이 사실을 부모님과 가족에게는 어떻게 말해야 할까?

이 대화를 시작하는 것 자체가 조심스럽고 까다로운 일인데, 그럴 만한 이유가 있다. 첫째, '고도 민감성'이라는 개념이 생소하기도 하고 사실 나조차도 이것이 나에게 어떤 의미를 갖고 있는지 아직도 탐색하는 중이다. 나도 지금 하나둘씩 천천히 알아가고 있는 무언가를 다른 사람에게 설명하고 이해시킨다는 건 여간 어려운 일이 아니다. 둘째, 내가 설명해야 할 것은 나라는 사람이 현재 인생을 어떻게 경험하고 살아가고 있는지를 자세히 묘사하는 일이다. 내가 느끼는 복합적인 감정을 정확하게 표현할 수 있는 단어가 부족하다고 느낄 수도 있다.

부모님에게 말하기

열여섯 살의 안나는 자신의 고도 민감성을 안 뒤에 일부러 2주 정도 기다린 다음 아빠에게 이야기하기로 했다.

상담을 하다가 선생님과 처음으로 HSP가 무엇이고 내가 왜 알아야 하는지 이야기하게 되었어요. 그다음부터 정말 생각이 많아졌죠. 원래 감정을 바로 드러내는 편이 아니기도 해서 이 모든 걸 내가 먼저 천천히 소화하는 과정이 필요했어요. 2주 정도 일기를 쓰고 HSP에 관한 책을 찾아 읽고 난 다음에야 아빠에게 말할 준비가 되었어요. 그때까지 기다려서 다행이라고 생각해요. 내 것이 되기 위해서는 최소한 그 정도의 시간이 필요했던 것 같아요.

내가 원하는 만큼 이 주제를 '내 것으로' 만들 수 있다! 가장 먼저 누구한테 말을 할지도 내가 선택할 수 있다. 가족과 대화할 수 있고, 선생님에게 상담을 요청할 수도 있고(3장), 친한 친구에게 털어놓을 수도 있다(4장). 먼저 여기서는 가족에게 이야기하는 방법부터 시작해 보자.

고려해야 할 것들

이제 나는 어떻게 설정된 사람인지 새롭게 알게 되었다. 이 사실을 부모님에게 자연스럽게 전달할 수 있을까? 그전에 고려해야 할 부분이 몇 가지 있다.

나의 기분

기분이 우울할 때는 이 대화를 시작하지 말고 다음으로 미루는 것이 좋다. 부정적인 생각이나 감정이 깔려 있을 때는 이야기하려는 주제에 집중하거나 열의를 갖고 대화하기가 힘들 수 있다.

에너지 레벨

기력이 없거나 피곤할 때는 고도 민감성이 어떤 의미인지 설명하기보다는 기운을 차리는 것이 우선이다. 정신적·감정적 에너지가 원래대로 돌아올 때까지 기다렸다가 대화를 시작해야 적절한 예를 들기도 하고 부모님의 질문에도 차분히 대답할 수 있을 것이다.

부모님의 기분

내가 대화를 하고 싶어도 부모님이 기분이 언짢거나 배고파서 신경이 곤두서 있고 피곤해 보인다면 일단은 기다리는 편이 좋다. 부모님의 기분이 어떤지 잘 모르겠다면 대화해도 좋은지 먼저 물어보자.

그 밖의 조건

예민한 사람이라면 편안한 기분을 유지하기 위해 주변 환경이 얼마나 중요한지를 이미 알고 있을 것이다. 나는 어떤 사람이고 내게는 무엇이 필요한지 같은 진지한 이야기를 할 때는 교통 체증으로 막히는 도로의 차 안에서보다는 여유로운 일요일 오후에 하는 편이 좋을 것이다.

시간과 장소가 적당하다고 생각되면 부모님과 대화를 시도해 보자. 이야기를 하다 보면 한 가지 무거운 주제로 토론을 하는 것이 아니라 여러 가지 소소한 이야기를 나누게 될 수도 있다.

아빠와 이 문제로 대화를 나누고 싶었던 아니사는 토요일 아침 아빠와 함께 강아지를 산책시키다가 분위기를 보고 이야기를 꺼냈다.

내가 유난히 예민한 이유가 있었다는 이야기를 아빠에게 말했더니 아빠가 잘 들어주고 이해해 주었어요. 사실 아빠도 이 주제에 관심이 있어 보였어요. 우리 부녀는 꽤 닮은 편이거든요. 아빠는 예민한 기질을 가리키는 정식 용어가 있다는 것을 전혀 몰랐다고 해요. 그런데 엄마에게 말했을 때는 약간 달랐어요. 처음에는 별 반응이 없었어요. 아마도 내가 입맛이 까다롭고 방에 혼자 틀어박혀 있는 걸 좋아하는데 고도 민감성 때문이라는 핑계를 대고 싶다고 생각한 것 같았어요. 엄마는 그런 내가 걱정된다고 했어요. 대화를 계속 이어 나가

50

기 힘들었지만 그래도 계속 끌고 가봤어요. 결국에는 엄마도 HSP에 관한 글이나 책을 찾아보겠다고 말했죠.

아니사는 그래도 엄마에게 말을 꺼낸 건 잘한 일이라 생각한다. 앞으로 천천히 시간을 두고 이야기하다 보면 더 나은 대화가 오갈 것이라 믿는다.

부모님이 HSP를 이해하지 못한다면

부모님에게 예민한 나의 기질에 대해 아무리 말해도 이해를 못하면 어떻게 해야 할까?

그럴 수도 있다. 하지만 부모님도 언젠가는 마음을 열게 될 거라는 희망을 버리지는 말자. 우리 자신 또한 처음에는 HSP라는 개념이 낯설었고 나의 민감한 기질이 내 생활 전반에 얼마나 큰 영향을 미치는지 이해하지 못했다. 그러나 서서히 나의 관점이 변하면서 배우려는 마음이 생겼고 새로운 정보를 습득할 수 있었다. 마찬가지로 부모님이 지금 당장은 이해를 하지 못한다고 해도 (이해를 하고 싶어 하지 않는 것 같아도) 아니사가 그런 것처럼 앞으로 충분히 달라질 거라고 믿어볼 수 있다.

뇌과학으로 접근해도 될까?

HSP를 설명할 때 뇌과학의 문제로 접근하면 좋은 경우는 다음 두 가지다. 하나는 부모님이 과학에 관심이 있고 사실과 근거에 기초한 이야기는 신뢰하지만 정서나 감각에 대해서는 그리 공감하지 못하는 경우다. 그런 성향의 부모님에게 거울 뉴런과 도파민이라는 단어를 이용해 설명을 하면 아마 다음 단계로 넘어가서 정서적인 면에 대해 이야기하기 쉬울 것이다.

또 자신이 과학에 관심이 지대한 편이어도 좋다. 원래 열정은 전염이 되는 편이라 부모님 또한 이 주제가 우리에게 얼마나 중요한지 알게 될 것이다.

이야기를 어떻게 시작하면 좋을까?

처음이라면 다음과 같은 방법으로 이야기를 해보자.

- 얼마 전에 HSP에 대한 재미있는 심리 테스트를 해봤어요.
- 저한테 "너는 너무 예민해."라고 자주 말하잖아요.
- 혹시 기억나세요? 풋볼 경기 중에 제가 귀마개를 했었잖아요.
- 요즘에 나에 대해 아주 신기하고 재미난 사실을 발견했어요.
- 저는 까끌까끌한 옷 입는 걸 굉장히 힘들어하는데, 이제 보니 이유가 있었어요.
- 공포 영화는 끝까지 못 보겠어요. 최근에 제가 왜 그러는지 알게 되었어요.
- 얼마 전에 서점에 갔는데 '청소년을 위한 HSP'라는 책이 있더라고요.
- 혹시 HSP라는 용어 들어본 적 있으세요?

문자나 이메일로 하면 안 될까?

물론 직접적인 대화로만 풀어가야 하는 건 아니다. 만약 글로 표현하는 것이 더 편하다면 일단 종이 한 장 정도의 글을 써보고 자신의 기분이 어떤지 살펴보자. 그리고 이 글을 다듬어서 부모님에게 문자나 이메일로 보내보자. 혹은 글을 쓴 다음에 혼자서 이런저런 생각을 해볼 수도 있다. 하고 싶은 말을 글로 써보는 것만으로도 나의 감정과 생각을 정리하는 데 큰 도움이 된다.

형제자매에게 말하기

부모님에게 이야기할 때와 크게 다르지 않다. 나의 예민한 기질에 대해서 말하고 최근의 자기 발견의 과정에 대해서 솔직히 이야기하면 된다. 이때도 적절한 시간, 공간, 분위기가 중요할 것이다. 하지만 부모님과는 다르게 고려해야 할 요소도 있다.

고려해야 할 것들

부모님은 우리보다 한 세대나 두 세대 이전의 사람들이고 우리 인생과 행복을 책임지고 있는 분들이다. 어떤 면에서 부모님은 언제나 우리의 가이드 역할을 해왔다고도 할 수 있다. 반면 형제자매는 우리와 나이가 비슷할 수도 있고 터울이 많이 진다면 세대가 다를 수도 있다. 20대 초반일 수도 있고 이제 걸음마를 배우는 아기일 수도 있다. 따라서 그들의 나이대에 따라서, 혹은 그들이 내 말을 이해할 수 있는지 아닌지에 따라서도 다르다.

나이

만약 형제나 자매가 대학생 이상이라면 HSP의 개념에 대해서 한 번쯤 들어봤을 수도 있고 그들 또한 스스로에 대해서 깊이 생각하고 자아를 발견하는 시기를 거쳤을 것이다. 하지만 심리학이나 성격 차이에 대해 그리 큰 관심이 없을 수도 있다. 그래도 충분히 성숙해서 나의 이야기를 열린 마음으로 들어줄 준비가 되었을 수도 있다.

비슷한 나이의 형제자매는 이 주제에 나만큼이나 흥미를 갖고 더 말해 달라고 할 수도 있고 관심 없다고 딱 잘라 말할 수도 있는데, 성격에 따라서도 다르고 나와의 관계가 어떤지에 따라서도 천차만별일 수 있다. 말을 꺼내는 그 시점에 그들의 기분이 어떤지에 따라서 반응이 달라질 수도 있다.

동생들은 아직 어려서 '예민함'이라는 단어의 의미를 이해하지 못할 수도 있지만 다섯 살이 아니고 아홉 살 정도라면 한 번쯤 이야기해볼 가치는 있다. 특히 동생 또한 나처럼 예민한 기질이 조금이라도 보인다면 서로에게 도움이 될 것이다.

성격

형제자매가 몇 살인지에 상관없이 대화를 하기 전에 그들의 성격이 어떤지부터 살펴보자. 형이 속마음이나 감정을 털어놓는 것을 그리 좋아하지 않는 편인가? 그렇다면 내 생각과 다르게 행동하거나 시큰둥하게 반응한다고 해서 놀라지 말자. 동생이 매사 심각한 이야기도 가볍게 넘어가려 하고 사람 놀리는 걸 좋아하는 편인가? 그런 경우 나를 놀리거나 장난만 치다가 대화가 끝날 수도 있다. 그럴 땐 이렇게 생각해 보자. 가족들이 나를 있는 그대로 받아들여 주길 원한다면 나 또한 그들이 어떻게 반응하든 있는 그대로 받아들여야 한다고. 때로는 실망스럽더라도 그게 맞다.

관계

나 자신과 형제자매와의 관계를 고려하자. 언니와

는 매우 친하지만 은근히 경쟁하는 관계라면 언니 입장에서는 나 혼자 특별한 척한다고 생각할 수 있다. 오빠와는 사소한 일로도 자주 다투는 편이거나 견해 차이가 큰 편이라 나의 내밀한 감정이나 생각을 나누고 싶지 않을 수도 있다. 평소에도 사이가 좋고 나를 잘 이해하는 동생이라면 나의 고도 민감성에 대해 말하자마자 바로 이해해 줄 수도 있다. 여기서 핵심 단어는 '그럴 수도 있다'이다. 내가 이 주제를 꺼냈을 때 형이나 누나가 어떻게 반응할지는 확신할 수도 없고, 그렇기에 놀라거나 속상할 수도 있음을 대비하자.

열여덟 살인 맥스는 쌍둥이 형과 HSP에 관해 이야기를 나누는 일이 예상외로 너무 안 풀려서 놀란 적이 있다.

우리는 이란성쌍둥이라서 형이 나와 생각이 같을 거라는 기대는 애초에 하지 않았어요. 그러나 형이 이 문제에 아무런 관심이 없는 모습을 보고 솔직히 기분이 많이 나빴어요. 아니, 적어도 관심이 있는 척이라도 해야 하지 않나요? 나는 뉴스를 보면 이 세상에서 일어나는 잔혹한 일들 때문에 너무 슬프고 분개하게 된다는 이야기를 했어요. 그런데 형은 내가 이야기하는 내내 휴대전화만 보고 있더라고요. 그 순간 화가 나서 다시는 이런 이야기는 꺼내지 않겠다고 말해버렸어요.

맥스는 형이 관심을 갖고 이해해 줄 것이라 생각

했다. 나이도 같고, 같은 운동을 하고, 같은 대학에 진학하기로 되어 있었다. 그런데도 대화의 시도는 실망과 낙담으로 끝났다. 1년이 흘렀고, 형과는 여전히 HSP에 관한 대화를 나눌 수는 없었다. 그런데 어느 날 형이 아무 멘트도 없이 어떤 기사를 링크로 보냈는데, 그건 HSP의 음악 선호도에 대한 기사였다.

　　　　부모님과 마찬가지로 형제자매 또한 처음에는 무심해 보이거나 인정하지 않는 것처럼 보일 수도 있다가 어느 정도 시간이 흐른 뒤에야 HSP에 마음이 열리기도 한다. 이들에게 지지와 응원을 강요하지는 말자. 만약 내 생각에 동의하게 하거나 부모님에게 내가 더 예민하니 내 편을 들어달라고 말한다면 문제를 너무 크게 만들고 원치 않은 갈등으로 이어질 수도 있다.

조부모님에게 말하기

나의 고도 민감성에 대해 할아버지나 할머니에게 어떻게 이야기해야 할까? 어쩌면 나에게 매우 중요하고 내밀한 이야기를 자세히 하다 보면 그분들과 더 가까워지는 계기가 될 수도 있다. 앞에서 부모님이나 형제자매에게 이야기를 꺼낼 때도 분위기와 기분, 성격과 관계를 고려하라고 한 것처럼 할아버지나 할머니와 대화할 때도 최대한 좋은 조건에서 이야기를 시작해 보자.

물론 할아버지, 할머니와의 사이나 친밀도가 다를 수 있기 때문에 각각의 관계에 맞도록 대화의 방식을 조금씩 조절하는 편이 좋다. 세대 차이를 고려해 다른 각도에서 다가가야 할 수도 있다. 하지만 할아버지나 할머니는 70년이 넘는 인생 경험과 손주에 대한 애정이 있기 때문에 우리의 말을 생각보다 훨씬 잘 귀담아듣고 쉽게 이해해 줄 수도 있다.

그럼에도 명심해야 할 것은 특정한 반응을 기대하지 말고 나 자신에 대해 알게 된 것을 공유하고 싶다는 마음으로 접근하는 것이다.

재혼 가정에서 가족들에게 말하기

만약 재혼 가정처럼 새로운 가족 형태 안에서 성장하고 있다면 가족 관계는 정답이나 공식이 없다는 것을 잘 알고, 한 가족이 되는 과정이 순조로울 수도 있지만 느리고 힘겨울 수도 있다는 사실 또한 몸으로 체험해서 알고 있을 것이다. 의붓아버지나 의붓어머니, 의붓형제는 이미 내가 남달리 예민하다는 것을 조금은 알아챘을 수도 있다. 따라서 나의 성향과 내게 필요한 것들을 더 자세히 이야기하면 가족 간의 유대감이 생기는 계기가 될 수도 있다.

의붓아버지나 의붓어머니를 친부모만큼이나 가깝게 느끼고 있다면 나에 대해 새롭게 발견한 사실들을 얼른 말하고 싶을 수도 있다. 그러나 아직은 어색하고 멀게 느껴져 조심스러울 수도 있다.

의붓형제들과도 마찬가지다. 친자매나 친형제와 대화할 때와 마찬가지로 이들의 나이, 성격, 나와의 관계에 대해 시간을 들여 고민해 보자. 평소에 주로 어떤 대화를 나누는지도 생각해 봐야 한다. 나에 대해 어떤 이야기를 할지, 얼마나 깊고 자세하게 들어갈지는 언제나 내가 결정한다.

모두가 이해하는 건 아니다

만약 우리 가족 모두가 예민한 기질을 가지고 있다면? 그렇다면 HSP가 무엇인지 더 잘 이해할 수 있을까?

그럴 수도 있지만 꼭 그렇지 않을 수도 있다. 가족들이 예민한 편일 수는 있지만 나와 모든 영역에서 똑같이 예민하지는 않을 수 있다. 그래서 나만의 예민함에는 전부 다 공감하지 못할 수도 있다. 또한 그들 또한 예민하기 때문에 '고도 민감성'이라는 용어 자체에 부정적으로 반응할 수도 있다. 자신들에게 이름표를 붙인다고 생각할 수도 있어서다.

부모님이나 형제자매가 선호하는 환경이나 분위기가 대체로 비슷하다면 매우 다행이다. 가족들에게 그들 모습 그대로 살아갈 수 있는 자유를 주자. 그러면 나에게도 똑같은 자유를 줄 것이다.

가족 구성원들이 내 이야기를 전혀 이해하지 못한다면?

내가 가족들과 많이 다르고 가족 중에 나를 이해하는 사람이 한 명도 없다고 느껴져 기운이 빠진 적도 많았을 것이다. 특히 나의 감정이 부정당하면 매우 외롭고 속상하다.

하지만 상황을 다르게 볼 수도 있다. 내가 가족들과 어긋날 수는 있지만 어울릴 수도 있다. 모두 산책을 좋아한다면 같이 산책을 자주 하도록 노력해 보자. 가족들이 모두 고양이를 좋아하고 반려동물을 사랑한다면 같이 돌보고 이야기하는 시간을 갖는다.

사실 내가 아니라 아빠나 형이나 오빠가 어떤 면

에서 나머지 가족들과 어딘가 어긋난다고 느끼면서 살아왔을 수도 있다. 예민함은 아니지만 유머 감각이 다르고 좋아하는 음식이 많이 달라서 힘들었을 수도 있다.

가족들 사이의 차이를 정상적이고 자연스러운 것으로 받아들이면서도 조금 더 노력한다면 언젠가 나를 더 이해할 날이 올 것이라 기대해 볼 수 있다.

HSP 검사지를 보여주어야 할까?

만약 가족들이 HSP를 이해하는 데 도움이 되고, 내가 어째서 그 안에 속하는지 이해시키는 데 도움이 된다고 생각한다면 그렇게 하자. 각종 테스트나 설문을 좋아하거나 믿는 사람도 있지만 코웃음 치는 사람도 분명히 있다. 나에게 중요한 자료이고 근거라 할지라도 다른 사람들에게 보여줄 때는 내가 바라던 반응을 하지 않을 수도 있으니 마음의 준비를 하자. 원한다면 가족들에게 HSP 테스트 결과를 보여주어도 되지만 가족들이 내가 원하는 반응을 할 것이라는 기대는 처음부터 하지 않는 편이 낫다.

준비가 될 때까지 기다려라

가족들에 관한 이 모든 이야기들이 벌써 피곤함으로 다가올 수 있다. 내가 해야 하는 모든 설명, 짊어져야 할 리스크, 불확실성, 필요한 인내의 과정들이 너무 벅차다고 느껴질 것이다. 예민한 사람들은 원래 마음을 깊이 털어놓는 대화를 하면 감정적으로나 육체적으로 지친다고 느끼기 쉽다. 다른 사람에게 이야기를 어떻게 시작해야 하는지 고민할 때부터 이미 머릿속에서 들려오는 모든 잡생각과 걱정 때문에 미리부터 진이 빠지기도 한다.

나의 생각과 경험에 대해 누군가에게 이야기하는 건 필요하지만 그것이 그렇게까지 시급한 일은 아니다. 편안하다고 느낄 때까지, 이 대화를 시도할 준비가 될 때까지 기다리자. 부담 가질 일은 아니다.

CHAPTER 3
남보다 예민한 나,
학교에서 괜찮을까?

우리는 학교에서 집에서만큼 많은 시간을 보낸다. (자는 시간을 제외하면 그렇다.)

학교는 고도 민감성을 가진 개인에게 굉장히 큰 도전이 되는 장소일 수 있다. 눈부신 형광등 불빛 때문에 눈이 따갑고, 학생 식당의 왁자지껄한 소음과 식기 부딪치는 소리 때문에 점심시간이 두렵고, 학교 체육관이나 교실, 복도에서 생기는 온갖 사건 사고가 버거울 수 있다. 여러 사람이 함께 모여 있는 학교라는 환경 자체가 아주 민감한 사람에게는 여러모로 불편하다.

그렇기 때문에 선생님들이 HSP에 대해서 충분히 숙지하고 이런 특성을 가진 학생들이 어떻게 다른지 인지하는 것이 중요하다. 하지만 선생님들은 그 나름대로 수업 준비와 행정 업무로 너무 바쁘고 신경 써야 할 학생들이 수백 명이다. 이런 상황에서 선생님에게 나의 상황을 어떻게 이해시킬 수 있을까?

첫째, 부모님이 선생님에게 이야기하는 방법이 있다. 만약 부모님이 HSP에 대해서 충분히 이해하고 자녀가 학교생활에서 어떤 곤란함을 겪는지 잘 알고 있다면 교사 면담 시간이나 학부모 회의 시간에 선생님에게 미리 언급할 수도 있다. 부모님이 선생님에게 먼저 자녀의 성향에 대한 정보를 귀띔해 주는 것이다. 이를테면 교실에서 아이들이 큰 소리로 떠드는 걸 유난히 힘들어한다거나, 폭력이나 비극을 주제로 과제를 하거나 교실에서 토론하는 걸 유독 어려워하고, 또교실 조명이 시험 성적에 영향을 미칠 수도 있다는 것을 미리

65

말씀드리는 것이다.

　　　부모님이 개입하지 않기를 바란다면 (혹은 부모님도 나서고 싶어 하지 않는다면) 다른 방법들을 생각해 보자.

　　　두 번째 방법으로는 학교 상담 교사와 이야기함으로써 도움을 받을 수 있다. 상담 교사가 담임이나 다른 선생님에게 나의 곤란한 사정을 대신 전달해 주는 것이다. 원래 학교 상담 교사의 역할 중 하나가 교육적·심리적 지원이 필요한 학생의 문제를 다른 교사들과 논의하여 개선하는 것이다. 상담 교사에게 내가 HSP임을 알게 되었고 학교생활의 어떤 점이 좋고 어떤 점이 불편한지 구체적으로 이야기해 보자. 상담 교사는 학생들의 말을 경청하고 문제 해결을 위해 나서는 데 특화된 사람들이라는 것을 기억하자. 그들이 학생과 다른 선생님 사이의 다리가 되어줄 수 있다.

　　　세 번째 방법은 담임선생님에게 직접 말하는 것이다. 제삼자가 도와주길 원치 않는다면, 즉 부모님이나 상담 교사가 개입하길 원치 않는다면 담임선생님에게 내가 직접 이야기하는 것도 충분히 좋은 방법이다. 학교생활을 할 때 자신에게 무엇이 필요한지 잘 이해하고 설명할 자신이 있다면 용기를 내보자.

　　　열네 살의 카르멘은 사회 선생님에게 이메일로 자신의 민감성에 대해 길고 상세하게 적으면서 최근 수업 시간에 어떤 면에서 힘들었는지를 말씀드렸다.

선생님, 지난달에 저희가 남미 국가에 대한 발표 수업을 했고 저는 베네수엘라를 주제로 발표를 했습니다. 기억나실지 모르겠지만 교실 뒤쪽에 앉아 있던 아이들이 베네수엘라의 도시 이름이 우습다며 킥킥대더라고요. 그때 제가 울먹거리기 시작하고 머리도 아프다고 해서 선생님이 잠깐 양호실에 다녀오라고 하셨는데요, 아마 제가 왜 그랬는지는 이해 못 하셨을 거예요.

제 부모님은 모두 베네수엘라에서 태어나셨어요. 저는 그 나라를 한 번도 가보지 않았지만 마음속으로는 저의 조국이고 고향이라고 느끼고 있었어요. 그래서 반 아이들이 그 나라를 무시하고 비웃자 꼭 저를 비웃는 것처럼 느껴졌고, 마음속으로 상처를 받았어요. 이런 이야기를 할 때마다 다른 사람들이 저에게 자주 하는 말이 있어요. 항상 듣는 말이죠. "너는 너무 예민해." 선생님이 이 말을 하지 않으시면 정말 감사할 것 같아요.

사회 선생님은 이메일을 받은 뒤에 수업 시간 전에 잠깐 시간을 내어 카르멘에게 만나자고 했다. 두 사람은 발표 시간의 작은 사건에 대해서 이야기했고, 사회 선생님은 왜 카르멘이 화가 났고 수업 시간 도중에 잠깐 나가야만 했는지 이제 이해하게 되었다고 말했다. 카르멘은 HSP가 무엇이고 자신이 가진 특성이 무엇인지 차근차근 설명했고, 사회 선생님은 그 말을 경청했다.

사회 선생님과의 소통이 매끄러웠기에 그 뒤 카르멘은 다른 선생님들에게도 같은 이야기를 할 용기를 냈다. 그 결과 대다수의 선생님들이 카르멘을 이해하고 지지해 주었다.

교사들이 호의적이지 않을 때

카르멘은 선생님에게 먼저 다가가서 마음을 열었고 호의적인 선생님 덕분에 긍정적인 경험을 했다. 하지만 선생님들의 성격이나 교육 방침은 제각각 다르다. 어떤 선생님들은 학생의 예민한 성향까지 관리해 주는 것이 교사의 의무 사항은 아니라고 생각할 수도 있다.

HSP가 무엇인지 설명하려 최대한 노력할 수는 있지만 이 성향은 체온이나 시력처럼 측정하거나 숫자로 증명할 수 있는 건 아니다. 또한 HSP는 아직은 의학적, 심리학적인 정식 진단명이 있는 증상은 아니기 때문에 선생님에게 증명서를 제출할 수도 없고 인정해 달라고 강요할 수도 없다.

내가 조금 더 마음을 강하게 먹거나 성숙해지면 HSP도 '치료'할 수 있을 거라고 여기는 선생님도 있을 것이다. 그때는 다음에 나오는 전략들을 시도해 보는 것도 좋다.

부모님의 지원 받기

2장에서 부모님의 반응도 천차만별일 수 있다고 이야기했다. 듣자마자 수긍하고 지지해 줄 수도 있고 회의적으로 보거나 이해하지 못하겠다고 말할 수도 있다. 마찬가지로 선생님이 내가 요청한 도움을 거부한다면 가장 좋은 해결책은 부모님이 나서서 상담하고 조금 더 적극적으로 이야기해 주는 것이다.

학교 상담 교사의 지원 받기

학생이 학교에서 어떤 문제를 겪을 때 가장 먼저 찾아가야 할 사람은 상담 교사다. 학생들이 다른 교사들을 만나 대화의 벽을 느낄 때 상담 교사는 학생들의 지원자로 나서줄 수 있다. 어쩌면 학교 상담 교사는 이미 HSP가 무엇인지 잘 알고 있고, 상담 자격증을 취득할 때 관련 분야를 공부했을 수도 있다. 이에 대해 처음 들어본다고 해도 관심을 갖고 더 알아보고 싶어 할 가능성이 매우 높다.

의사 선생님의 지원 받기

의사의 소견서가 있으면 담임이나 상담 교사는 물론 교장과 교감, 학교 교직원들 모두의 주의가 집중될 것이다. HSP가 정식으로 진단서를 받을 수 있는 증상이 아닐지 몰라도 내가 어떤 면에서 어느 정도로 민감한지 설명하는 소견서를 의사가 써줄 수 있다. (가령, 수업 중 불편한 문제가 나오면 극도로 예민해지고 소음에 민감하다는 식으로!) 나의 예민함이 불안 증상으로 이어져 신체적 증상으로 나타날 수 있다는 내용도 들어가 있다면 교사나 학교 관계자들이 나의 말을 보다 진지하게 받아들일 것이다.

심리 상담사의 지원 받기

심리 상담사의 소견서 역시 의사의 소견서와 비슷한 효과를 낼 수 있다. 정식 자격증이 있는 심리 상담사가 어떤 학생을 다년간 치료해 왔고 잘 파악하고 있으며 이 학생의 민감성이 실제로 심각한 수준이고 절대로 핑계나 변명이 아니라는 사실을 설명해 줄 수 있다면 학교에서도 더 주의를 기울일 것이다.

HSP 관련 사이트나 영상 링크 보내기

선생님들이 학교 행정 업무나 수업 준비로 무척 바쁠 테지만 학생이 보낸 HSP에 대한 영상이나 글을 굳이 보지 않겠다거나 관심없다고 말하지는 않을 것이다. 적극적인 관심을 보이는 선생님도 있고 건성으로 대답만 하고 실제로 보지 않는 선생님도 있을 것이다. 하지만 이때도 선생님에게 나의 민감성에 대해서 알아주고 내가 원하는 수준의 존중을 해달라고 강요하듯이 부탁해서는 안 된다. 선생님들에게 정보는 제공하되 그들이 여유와 의지가 있을 때 관련 자료를 읽거나 볼 수 있도록 시간을 주어야 한다.

도울 수 있는 부분과 도울 수 없는 부분

학교에서 해줄 수 있는 것

학교 선생님들이 학생에게 해줄 수 있는 가장 중요한 일은 학생의 경험이 자신들의 인생 경험과 다르다고 해도 열린 마음으로 학생의 말을 경청하는 것이다. 누군가가 내 말을 들어주고 내 목소리가 중요하게 여겨졌다는 것만으로도 속상하거나 불편한 상황에서 큰 위로를 받고 안정이 될 수가 있다.

학교에서 해줄 수 있는 것으로는 학생에게 안전한 안식처를 제공해 주는 것도 있다. 학생의 감각이 너무 예민해지거나 감정을 감당하지 못할 때 쉴 수 있는 장소를 마련해 주면 좋다. 예를 들어 학교 상담실, 도서관, 또는 교직원이 함께 있거나 가까이 있는 조용한 장소가 될 수 있다. 힘들 때는 선생님에게 공식적, 혹은 비공식적인 허가를 받은 다음 지금 있는 교실이나 강당, 체육실, 식당에서 잠시 나가서 마음을 진정시키거나 생각이나 감정을 정리해 보자.

선생님과 미리 약속이 되어 있다면 지금 힘든 상황이라는 신호를 보낼 수도 있다. 예컨대 둘 사이에 약속된 어떤 단어를 말하거나 손동작을 하면 선생님은 다른 학생들이 알아채지 않게 내가 잠시 교실에서 나가야 한다거나 신체적으로 큰 불편함을 느끼기 시작했다는 사실을 알 수 있다.

학교 측에 미리 이메일을 보내 내가 좋은 컨디션이 아닐 때 어떤 변화가 일어나는지 상세하게 설명하면 학교에서 신경 써 줄 수도 있다. 그렇게 하면 수업 바로 전이나 후에 문제 상황을 이야기할 때 전보다 더 진지하게 들어주고 다른 사람들이 알 수 없게 배려해 줄 것이다.

나아가 선생님은 학교 과제와 관련하여 피드백을 줄 때도 건설적인 비판을 잘 받아들이도록 도와줄 수 있으며, 필요 이상으로 거칠게 비판하지 않으려고 노력할 수 있다. 일부 선생님은 이런 방식을 취하지 않고, 피드백이 거칠거나 때로는 불친절하게 느껴질 수도 있다. 그렇다고 해서 그 교사가 학생을 신경 쓰지 않거나 싫어한다는 뜻은 아니다. 교사에 따라서 아이들의 학습 능력과 지적 능력 발달을 위해서는 엄하고 단호하게 교육해야 한다고 생각할 수도 있다. 물론 학교에는 학생의 예민한 기질을 파악하고 보다 친절한 방식으로 솔직한 피드백을 해주는 교사도 있을 것이다.

학교에서 해줄 수 없는 것

선생님은 학생 한 명 한 명을 이해해 주고 배려해 줄 수는 있지만, 다른 학생들이 한 친구만 특별 대우를 받는다고 느낄 정도까지 일상적으로 융통성을 발휘할 수는 없을 것이다. 어떤 학생이 소음이나 밝은 빛을 힘들어할 때 잠시 책상에 엎드려 있어도 되는 횟수가 얼마나 허용될지는 선생님의 판단에 달려 있다. 또한 어떤 학생에게는 한 달에 몇 번이나 교실에서 잠시 벗어날 수 있는지가 매우 중요한 사안이 될 수 있겠지만 그 또한 선생님의 재량에 따라 판단될 수 있다.

만약 다른 학생들이 한 사람만 너무 특혜를 받는다고 생각한다면 어떻게 될까? 규율을 유지하거나 교내 질서를 바로잡기가 어려워질 것이다. 만약 선생님이 눈에 띄게 한 학생만 특별하게 배려하는 것처럼 보인다면 다른 학부모들이 학교에 불만을 제기할 수도 있다.

따라서 선생님과 학교 측에 세심한 지원과 유연성 있는 대처를 요구하는 것이 좋다. 그리고 내가 원하는 대로 다 들어주지 않을 수 있다는 점을 꼭 인지하자.

공식적인 제도가 있을까?

　　미국의 모든 초중고 학교에서는 학습 환경에 적응이 필요한 학생들에게 지원을 해주는 제도인 '504 플랜'이 있다. 이 용어는 1973년에 통과된 인권법인 섹션 504에서 유래했다. 장애가 있거나 신체적·정서적으로 조건이 열악한 학생들에게도 동일한 교육의 질을 보장하기 위해 학교에서 편의를 제공하는 제도다. 만약 어떤 학생이 학습을 하는 데 특정한 장애물이 있다면 504 플랜이 그 문제를 해결할 수 있도록 돕는다. 간단히 말하자면 학생이 공부하는 방법에 편의를 제공하는 것이다. 예를 들어 색맹인 학생에게는 색상이 아니라 다른 방식으로 정보를 전달하는 교과서나 자료를 준다. 저혈당인 학생이 어지럼증으로 갑자기 쓰러지는 일이 없도록 주머니나 가방에 간식을 갖고 다니면서 꺼내 먹는 걸 허락해 줄 수도 있다.

　　다만 504 플랜은 임상적 질병이나 심리적 문제를 갖고 있는 학생들을 위한 제도이고 HSP는 아직 그 분류에 들어가지 않기 때문에 적용되지 않을 수도 있다. 하지만 학생이 고도 민감성 때문에 범불안장애, 편두통, 우울증, 위장장애를 겪는다면 제도의 도움을 받을 수도 있다.

　　504 플랜은 다음 순서로 실행된다. 부모님이 학교의 담당자에게 이메일을 보내 검토를 요청한다. 담당자는 일정을 잡고 학생과 부모를 만나고 때로는 담당 교사와 다른 교직원들도 만난다. 또한 의사 혹은 심리 상담사가 보내준 자료와 교사들에게 받은 자료를 참고하여 해당 학생이 제도의 도

움을 받을 수 있는지 여부를 결정한다.

불안장애가 있는 고등학생이 학교에서 받을 수 있는 일반적인 도움에는 '편안한 안식처'라는 것이 있다. 교사가 수업 중에 어떤 학생을 지목해서 발표를 시킨 다음에는 학생이 충분히 시간을 갖고 말을 할 수 있도록 여유를 갖고 기다려야 한다. 또한 504 플랜은 비밀이 보장된다. 따라서 관련 내용을 다른 학생들 앞에서 이야기하지 않는 것이 원칙이다. 제도적 도움을 받을 자격이 되지 못한다 해도 교사에게 사정을 충분히 이야기한다면 비공식적인 합의하에 꼭 필요한 배려와 편의를 제공받을 수도 있다.

한국은 504 플랜처럼 법적 강제력을 가진 폭넓은 공식 제도가 그간 없었으나, 2026년부터 학생맞춤통합지원법 시행을 통해 학력 저하, 경제적 빈곤, 심리적 부적응 등의 어려움을 겪는 학생을 지원한다. (옮긴이주)

학교에서의 여러 인간관계, 문제 없을까?

　　학교의 규모가 작든, 중간이든, 크든 상관없이 많은 학생들은 서로 간에, 그리고 교사와도 갈등을 겪게 된다. 갈등은 우리 삶의 정상적인 일부이지만, 예민한 사람들에게는 특히 큰 스트레스가 될 수 있다. 다른 사람들이 싸우거나 분노를 표출할 때의 목소리나 몸짓, 그 안에서 나타나는 감정이나 거친 표현들 때문이다.

　　고도 민감성을 가진 내가 친구들 사이에서 이루어지는 온갖 갈등 상황을 목격하고 (혹은 그 안에 들어가고) 선생님들의 잔소리와 간섭, 지나친 경쟁, 개인적인 공격을 감당하고, 일진들이 친구들을 괴롭히는 것을 목격하거나 혹은 직접 겪으면서 일주일을 무사히 보낼 수 있을까? 그래도 한 가지 대처 방법이 있다. 나를 걱정해 주고, 함께 문제를 해결하도록 도와줄 수 있는 사람과 이야기하는 것이다.

　　열세 살의 남학생 미카는 어느 날 아침 엄마와 학교 앞에 도착했지만 차에서 내리려고 하지 않았다. 미카는 집에서 나올 때만 해도 아무렇지도 않았기에 엄마는 무척 당황했다.

　　솔직히 어떻게 해야 할지 정말 몰랐어요. 아들이 마치 얼음이 된 듯 가만히 앉아서 이제 차에서 내려서 학교로 들어가라고 말해도 고개만 젓고 있는 거예요. 문제가 무엇인지도 말하지 않았어요. 물론 그전에 같은 반 친구들 때문에 화나는 일이 있다 정도로 몇 번 말한 적이 있었지만 그래도 이 행동은 너무 극단적이었고 갑작스럽잖아요.

하지만 미카에게 있어서는 전혀 갑작스럽고 뜬금없는 행동이 아니었다. 지난 몇 주 동안 부정적인 감정이 계속 쌓인 데다, 그날 아침에는 차에 앉아 자기 반 교실에서 일어난 일들을 생각하니 도저히 내릴 수가 없었던 것이다.

엄마는 갑자기 무슨 일이냐고 하셨지만 사실 우리 반에서 일어나는 일들 때문에 오래전부터 심란했어요. 몇몇 아이들이 나한테 시비를 걸어서만이 아니에요. 그 애들은 내 뒤에 앉은 여자아이를 대놓고 괴롭혀요. 별명을 지어 부르고 말투도 따라해요. 나를 귀찮게 하는 것도 문제지만 내 뒤의 여자애에게는 더 심하게 대했고 결국 그 애가 울기까지 했어요. 그 모습을 보고 있기만 해도 힘들었어요. 그날은 교실문을 열고 들어갈 때마다 끈적한 슬라임을 뒤집어쓴 것처럼 모욕당한 기분이었고 하루 종일 기분이 엉망이었어요. 그걸 겪고 나니 다음 날에는 도저히 교실에 들어갈 수 없더라고요. 내 안의 또 다른 내가 이건 절대 못 하겠다고 가로막고 있는 느낌이었어요.

미카의 엄마는 7학년 상담 교사에게 전화를 해 아이가 등교를 거부한다고 말했고, 상담 교사와 담임 교사와의 약속이 잡혀 같이 미카의 이야기를 들었다. 담임 교사는 그 반에서 어떤 일이 일어나는지 인지했고, 바로 자리 배치를 바꾼 뒤 교내 괴롭힘을 경고했다. 미카는 다시 학교에 정상적으로 등교하기로 했고 자신이 "슬라임을 뒤집어쓴 것 같다"고 느낄 때마다 상담 교사를 찾아가야 한다는 사실을 이해했다.

어떤 HSP들은 같은 반 아이들의 행동이 지나치게 거슬려 일상생활이 힘들어지기도 한다. 어떤 HSP에게는 가장 큰 문제가 소음이라 학교 복도의 소음이나 버스에서의 아이들 장난이 가장 괴로울 수 있다. 눈이 부신 전등이나 불편한 책상이 학교생활을 가장 어렵게 하는 문제로 느껴질 수도 있다. 이런 요인들의 공통점은 뭘까? 이것들은 학교에서 이른바 '안정적인 주행'을 원하는 HSP에게 너무나 거칠거나 자극적이어서 유쾌하지 않은 환경을 조성한다는 것이다.

한 걸음 물러서거나 나서서 말하기

가끔은 이 거칠고 자극적인 환경에서 한 걸음 물러나는 방법을 택할 수 있다. 교실에서 (선생님의 허락을 받고) 자리나 짝을 바꾸는 것이다. 앞에서 언급했던 대로 미리 교사와 약속한 안전한 안식처로 가서 잠시 자극적인 상황을 피할 수도 있다. 나에게 부정적인 영향을 주는 아이들 그룹이나 수다에서 빠져나와 생각이나 감정을 정리할 수도 있다. 때로는 학교에서 허락이 되는 장소에서는 노이즈 캔슬링 헤드폰으로 귀를 덮고 소음을 차단할 수도 있다.

하지만 더 이상 물러나지 못할 때는 나서서 이야기를 해야 한다. 부모님에게 고민을 털어놓아도 되고 학교 상담 교사나 담임선생님, 친구들에게 고백해도 된다. 친구들에게 다른 사람들 험담을 더 이상 듣고 싶지 않다고 솔직히 말해도 된다. 친구들에게는 내가 원하는 대화의 소재가 무엇인지, 어디에 앉고 싶은지, 어떤 음악을 듣고 싶은지 등을 이야기해 두면 좋다.

학교에서의 갖가지 상황이 나의 평화를 심각하게 방해한다면 문제를 정확하게 짚어서 설명하는 것뿐만 아니라 나에게 구체적으로 도움이 되는 방법까지 말하면 좋다.

용기 내어 자신의 생각이나 상황을 말하기가 말처럼 쉽지는 않다. 4장과 5장에서 친구들과의 관계에 대해서 좀 더 이야기를 전개할 것이다. 친구들에게는 나의 예민함을 어떻게 설명하고 이해시켜야 할까? 나의 개인적인 기질과 성향을 어떻게 부담스럽지 않은 방식으로 주장할 수 있을까?

먼저 학교의 갈등 상황에서 한 발 물러나는 방법에 대해서 이야기해 보자. 물러날 수 없을 때는 요령 있게 대처하는 법도 알아야 한다.

CHAPTER 4
친구들끼리는
솔직하고 당당하게

2장에서는 가족들과 고도 민감성에 관하여 어떻게 대화를 시작할지 이야기했다. 그렇다면 친구들에게는 어떻게 내 이야기를 전해야 할까?

만약 내가 다른 사람들과 비교해 무언가 다르다는 사실을 꽤 오래전부터 알고 있었다면 나의 친구들 또한 어느 정도는 알아채고 있었을 가능성이 높다. 친구들은 나를 있는 그대로 좋아할 수도 있고 나의 예민한 부분을 높이 평가하고 칭찬해 주었을 수도 있다. 하지만 계속 같은 질문을 하거나 다른 행동과 방식을 권하는 친구도 있었을 것이다.

잠시 그 친구들과의 우정에 대해서 찬찬히 생각해 보자. 그 친구들과 앞으로도 계속 친하게 지내고 싶은데, 왠지 그 친구들이 나를 제대로 알지 못한다고 느껴질 때가 있다. 어쩌면 그 친구들도 진심으로 이해하고 싶지만, 충분한 정보를 갖고 있지 않은 것일 수도 있다. 타인이 나와 관계 맺는 법을 내가 결정할 수는 없다. 하지만 그들에게 HSP가 무엇이고 이것이 내 생활에 어떤 영향을 미치는지 알려줄 수는 있다. 내가 알게 된 모든 것을 친구들에게 말해주면 어떨까?

열다섯 살의 에바는 학교의 연극반 친구들에게 자신의 고도 민감성에 대해 말했는데, 반응은 제각각이었다.

단막 연극 대회를 마치고 버스를 타고 집에 오는 길이었어요. 그날 친구들에게 내가 왜 버스에서 혼자 앉고 싶어 하는지 이야기를 하기로 마음먹었어요. 내가 오가는 버스에서 혼자 앉고 싶다고 말하자 한 아이는 눈을 동그랗게 뜨고 나를 쳐다보았어요. 그리고 반은 장난으로 나에게 공주라고 하더라고요. 하지만 나에게 이 문제는 장난이 아니었어요. 그 아이와 내 주변에 앉은 다른 친구들에게 이번에는 더 진지하게 말했어요. 내가 공주처럼 굴려는 건 절대 아니다. 다만 여러 가지 면에서 너무 예민한 구석이 있어서 그런다. 가끔은 시끄러운 버스에서 오래 있기가 괴롭고 벅차다. 나를 공주라고 부른 아이는 내 말을 듣고 또다시 웃어버렸어요. 여전히 이해는 못하는 듯했어요. 하지만 다른 아이들 몇 명이 고개를 끄덕였고 그것만으로도 나는 괜찮아졌어요.

에바도 친구들에게 어느 정도까지 설명해야 할지 알아가고 있는 중이다. 어떤 친구들에게는 짧고 간단하게, 또 어떤 친구들에게는 길고 자세하게 설명할 수 있을 것이다.

누구에게 이야기할까?

나의 예민함은 나의 고유한 문제이고, 이 이야기를 할지, 하지 않을지도 내가 결정할 수 있다. 하지만 이 결정을 어떻게 내리는 것이 좋을까? 친구에게 이 문제를 털어놓는 것을 놓고 고민하는 중이라면 그전에 이런 질문들을 해보자.

- 이 친구는 과거에 내가 사적이거나 복잡한 문제에 대해 말했을 때 나를 이해해 주었나?
- 이 친구를 믿고 나의 생각과 감정을 나눈 적이 이전에도 있었나?
- 이 친구는 자신의 생각과 감정과 경험을 나에게 공유한 적이 있나?
- 이 대화를 통해 어떤 결과를 기대하는지 나는 알고 있나?
- 이 대화를 하기 위해 최선의 노력을 하더라도 원하는 방식으로 진행되지 않을 수 있다. 그때 느끼게 될 부정적인 감정을 감당할 수 있나?

위의 질문에 대부분 '그렇다'라는 대답이 나온다면 이 친구는 아마도 내가 편안하게 느끼는 친구일 것이다. 만약 이 질문에 대체로 '아니다'라는 대답이 많이 나온다면 이 친구가 마음을 열 만큼 편안한 친구인지부터 재고해 보는 편이 좋다.

아직 많은 이들에게 이 문제를 털어놓지 못했다면 가장 신뢰하는 친구부터 시작하고 다른 사람들에 대해서는 나중에 천천히 결정하자.

어떻게 이야기를 시작할까?

나의 예민한 기질에 대하여 솔직히 털어놓고 싶은 사람이 있다 해도 처음 운을 떼는 것은 쉽지 않다. 대화를 어떻게 시작할지는 누구에게, 무슨 이야기를, 언제, 어디서, 왜 하는지에 따라서 조금씩 달라질 수 있다. 다음 질문에 대해 생각을 해본 다음 대화를 계획해 보자.

누구에게 이야기할까

먼저 내가 마음에 두고 있는 친구는 누구인가? 다시 앞에서 언급한 질문으로 돌아가자. 어떤 이야기를 해도 잘 들어줄 것 같은 편안한 사람인가? 아니면 이 친구에게는 조금 어려운 대화가 될 수도 있다고 생각하는가? 이야기를 하고 싶은 친구와 얼마나 친밀하고 편안한지 생각해 보자.

이 주제가 이제까지 했던 어떤 대화 주제보다 어렵다고 생각할 수도 있고, 나와 가장 친한 친구 그룹에 속하지 않은 친구들의 반응에 불안할 수도 있다. 다음 질문도 생각하면서 이 친구에 대해 내가 어떻게 느끼고 있는지 살펴보자. 그러면 결정하는 데 도움이 될 것이다.

무슨 이야기를 할까

친구에게 어떤 이야기를 하고 싶은지 생각해 보자. 보다 큰 그림을 볼 수 있도록 HSP의 개념으로 바로 접근할까? 아니면 구체적인 예, 이를테면 나는 잔인한 장면이 나오는 영화를 보면 너무 괴롭다는 이야기부터 할까? 나 자신에 대해, 그리고 내가 최근에 알게 된 것들에 대해 친구에게 어느 정도까지 공개할지 생각해 보자.

어디에서 이야기할까

대화를 할 준비는 되었더라도 어디에서 이야기를 하는지도 중요하다. 만약 다음 수업을 하기 위해 바삐 교실로 들어가는 중이라면 쉬는 시간의 학교 복도는 그리 적합한 장소가 아니다. 사람도 많고 소란스러울 수 있다. 집이라 해도 이 이야기를 할 수 있는 사적인 분위기가 보장되지 않을 수 있다. 방해 요소도 없고 너무 시끄럽지는 않은 곳, 이왕이면 편하게 속마음을 털어놓을 수 있는 장소를 생각해 보자.

영상 통화를 할 수도 있다. 문자로 할 수도 있는데, 그러면 친구의 목소리나 표정을 알 수 없기 때문에 잘 이해하고 있는지 확인하기 어려울 수도 있다.

언제 이야기하면 좋을까

나의 예민한 기질 중에 한 가지만 이야기하고 싶다면 그 상황이 닥쳤을 때 대화를 시작해 봐도 좋다. 예를 들어 폭력적이고 잔인한 영화에 대해서 어떻게 느끼는지 알려주고 싶다면 같이 영화 보러 가자는 이야기가 나올 때까지 기다렸다가 이렇게 말할 수 있다.

"혹시라도 이상하다고 생각할까 봐 미리 말해둘게. 영화 보고 있을 때 내가 잠깐 상영관을 나갈 수도 있어. 잔인한 장면을 보기가 너무 힘들거든."

만약 HSP라는 보다 큰 개념에 대해서 설명하고

싶다면 친구에게 지금 중요한 이야기를 진지하게 나누고 싶은데, 시간이 괜찮은지 먼저 물어보는 것이 좋다. 만약 적당하지 않다고 말하면 다음 약속을 잡는다. 학교 수업에 늦거나 다음 약속에 늦을까 걱정하지 않아도 되는 시간으로 잡는 편이 좋다. 먼저 나는 HSP라고 말하자. 이는 시각, 촉각, 청각 등 감각적인 면에서, 또 감정적인 면에서도 남들보다 많이 예민한 사람이라는 뜻이라고 설명하는 것이다. 그다음에 구체적인 예를 몇 가지 들면 이해를 도울 수 있다.

왜 이야기를 해야 할까

이 대화의 목적이 무엇인지 생각하자. 예를 들어 캠핑에 가고 싶지 않은 이유를 친구에게 설명하려는 것처럼 구체적인 목적이 있는 대화인가? 아니면 그동안 혼자서만 감당해 오던 어려움들 중 일부를 친구에게 알려주기 위한, 보다 전반적인 목적의 대화인가? 대화를 시작하기 전에 그 목적을 분명히 해두는 것이 도움이 될 수 있다.

부탁하기 vs 불평하기

나에게 필요하고 내가 선호하는 사항에 대해 말할 뿐인데 친구들은 어쩌면 자신의 생활이나 습관에 대해 불평하거나 지적하는 것이라 오해할 수도 있다. 예민한 기질과 관련된 나의 개인적 경험에 대해서 솔직히 털어놓으며 친구들의 마음을 열려고 할 때, 내가 가장 원치 않는 것이 있다면 친구들 마음이 불편해져서 이 이야기를 더 이상 듣고 싶어 하지 않는 것이다. 이해를 바라고 시작했는데 오해만 쌓이면 최악이다! 이것은 어렵게 이야기를 꺼낸 목적이 아니다.

친구들에게 바라는 것이 있다면 어떻게 해야 할까? 내가 어떤 것들에 대해 유독 민감하다는 것을 알았으니 예전과는 조금 다르게 해주면 좋겠다고 부탁해야 하지 않을까? 예를 들어 나는 잔인한 영화를 보는 것이 불편하다고 설명하고, 이제부터 누군가의 집에서 영화를 볼 때는 비폭력적인 영화로 골라도 좋은지 물어보는 것이다. 혹은 같이 공부하는 친구들에게 시끄러운 동네 카페로 장소를 잡기보다는 도서관 스터디실에서 공부하면 어떤지 물어본다. 나에게는 더 조용하고 덜 소란스러운 환경이 필요하다고 분명하게 설명할 수 있어야 한다.

내가 이런 대화를 할 때 친구들이 공격받는다고 느끼지 않게 만드는 또 하나의 방법은 이 말이 불평이나 불만보다는 부탁이나 요청처럼 들리게 하는 것이다. 불평한다는 건 친구들이 이제까지 무언가를 잘못하고 있었다고 말하는 것과 같다. 요청을 한다는 것은 그들에게 무언가를 '부탁하는 것'이다. 이 둘은 완전히 다르게 느껴질 수 있다. 특히 내가 부탁하면서도 진심으로 고마워할 때는 더욱 그럴 것이다. 이런 방식의 대화가 되면 좋다.

"오늘 저녁에 우리 만나서 공부하기로 했잖아. 그런데 카페 말고 도서관에서 공부하면 어떨까? 나는 카페 가면 소음 때문에 집중이 잘 안 되더라고."
"그랬구나. 나는 도서관도 좋으니까 거기서 만나자."
"내 부탁 들어줘서 고마워!"

관대함과 고마운 마음 갖기

대화가 잘 풀려서 친구들이 충분히 이해해 주었는데, 나중에 친구들이 깜빡하고 내가 부탁한 것들을 잊을 수도 있다. 친한 친구 두 명에게 점심시간에 빨리 먹는 것이 힘드니 너무 서둘러 나가지 않으면 좋겠다고 이야기를 했고, 친구들도 그러겠다고 약속했다. 나는 조금 느리게 먹는 편이지만 그래도 친구들 속도에 맞춰 먹으려고 노력하고 있는데, 친구들이 일어서려고 하면 압박감처럼 느껴져 힘들다고 설명했다. 이 이야기를 했을 때 친구들은 잘 이해해 주었고 식당에서 나가기 5분 전에 미리 말을 해주겠다고 했다. 하지만 일주일 후 친구 중 한 명이 큰 목소리로 말했다.

"빨리 안 먹고 뭐 해? 얼른 나가자!"

나는 깜짝 놀랐고 같이 앉아 있던 다른 친구들 앞에서 민망해지고 말았다.

만약 친구들이 내 부탁을 깜빡 잊었다면 그럴 수도 있다고 생각하고 관대하게 넘어가자. 그래도 친구들은 내게 필요한 것들과 내가 선호하는 것들을 기억하고 배려해 주기 위해 노력하고 있다. 친구들이 기꺼이 약속했지만 잠깐 잊어버릴 수도 있고, 어쩌면 나에게는 이 일이 얼마나 중요하고 절실한지 이해하지 못했을 수도 있다. 내가 무시되거나 오해받고 있다고 느낄 때는 다음 두 가지를 해볼 수 있다.

- 친구들을 일단 믿어주고 그들이 좋은 의도를 가지고 있었다고 가정하자. 때로는 좋은 의도만으로

는 충분하지 않지만 그래도 '나쁜 의도'와는 전적으로 다르다.

- 대화를 다시 해보자. 대화를 언제 하는지가 중요한데, 가능하면 내가 친구들의 실수 앞에서 느낀 속상한 감정이 다 가라앉을 때까지 기다리는 편이 좋다. 가장 위험한 건 기분이 그다지 좋지 않을 때 서둘러 문제를 해결하려고 하는 것이다. 처음의 감정이 빠져나가고 안정될 때까지 시간을 갖고 기다린 다음에는 이 사건을 일기로 써보고 깊이 생각해 보는 것도 좋다. 그다음에 다시 한번 시간과 장소를 정하고 대화를 시도해 본다.

갈등보다는 평화가 좋다

예민한 사람들에게 특히 더 취약한 부분은 친구들 사이에서의 갈등일 것이다. 예민한 사람들은 주변 사람들과의 관계가 조화롭고 평화롭기를 바란다. 특히 친구들과의 관계는 별 탈 없이 이어지기를 원한다. 친한 친구들 두 명이 서로를 미워하거나 싸우면 차분하게 내 일상을 유지하거나 내 인생에 만족감을 갖고 생활하기가 힘들다. 더 나쁜 건 친구들이 나에게 화가 났을 때다.

열여섯 살의 레비는 친구 문제 때문에 전학까지 고려할 정도였다. 친구 둘이 싸우고 사이가 안 좋아졌는데 레비에게 편을 정하라며 압박하고, 나중에 비난까지 해서다.

매일 기분이 최악이었어요. 내가 어떤 행동을 해도 친구들이 화를 내는 거예요. 솔직히 두 친구 다 이해가 되지는 않았어요. 내가 볼 때는 전혀 불필요한 싸움이었고 성숙하지 못한 행동이었거든요. 게다가 친구들이 누가 옳은지 말하라면서 빨리 내 입장을 밝히라고 하는 거예요. 그때가 제일 부담이 심하고 괴로웠어요. 머리가 지끈거리고 속도 울렁거려 이틀 동안 학교에 가지 못할 정도였어요. 결국엔 그 친구들에게 편지를 썼어요. 나는 이런 편 가르기에는 동참하지 않겠다고요. 선언한 것이죠. 부모님이 극구 말려서 전학은 하지 않았고 모든 일이 그렇듯이 이 일도 시간이 지나고 다 괜찮아졌어요. 그때 내가 이런 종류의 갈등을 너무나 괴로워한다는 사실을 친구들이 알아주면 좋겠다고 생각했어요.

예민한 사람들은 당장 무언가를 하라는 압박을 받는 것을 무척 괴로워하고 너무 격하고 부정적인 대화도 기피하는 경향이 있다. 하지만 관계에서의 갈등은 살아가면서 언제나 있을 수밖에 없는 일이고 삶의 일부이기도 하다. 인간관계에서의 압박과 갈등을 완전히 피하는 유일한 방법은 은둔자로 살아가는 것밖에 없다. 그러나 은둔자처럼 살면 인생에서 느끼게 될 무수한 즐거움을 놓치게 된다. 그러니 동굴에 숨지 말고 인간관계에서 갈등을 다루는 기술을 익히자. 몇 가지 방법을 소개하겠다.

- 갈등은 평범한 일상의 일부이며 해롭기만 한 것은 아니라는 사실을 기억하자. 처음에는 그렇게 생각하지 못할 수도 있지만 갈등이 정상적인 일이라는 사실을 계속 상기해야 한다.
- 평화로운 소통과 온건한 대화를 선호하는 자신의 성향이 다른 사람에게 도움이 될 때가 많을 것이다. 내가 모범이 되면 다른 사람들이 따를 수도 있다.
- 레비가 갈등은 결국 다른 모든 일들처럼 시간이 지나면 사그라든다고 말했던 것을 기억하길 바란

다. 레비의 말이 맞다. 결국 갈등은 가라앉고, 대부분의 다툼은 잊히게 된다. 때로는 갈등으로 인해 관계가 틀어지고 사이를 영원히 회복하지 못할 수도 있지만, 그 소란과 분노에 찬 말들도 결국 멈추게 될 것이다.

- 친구들과 멀어지고 결국 우정이 깨지는 단계까지 간다고 해도 이겨내고 내 삶을 계속 살아가면 된다. 다른 친구들을 사귈 수도 있다. 어떤 친구와의 관계는 깨지는 편이 더 나을 때도 있다. 함께 있을 때 긍정적 감정보다 부정적 감정이 클 때는 아는 사람이나 같은 반 친구 정도로만 유지하는 편이 서로에게 좋을 수도 있다. 그렇다고 해서 적이 되는 것은 아니다.

- 만약 나에게 적이 있다고 생각되더라도 그들 때문에 속을 끓이느라 에너지를 낭비하지는 말자. 의지할 수 있는 친구와 더 많은 시간을 보내고 갈등으로 멀어진 친구는 과거의 친구로 남겨두자.

CHAPTER 5
내가 편안해야
다른 사람도 편안하다

이제는 가족, 선생님, 친구들에게 나의 고도 민감성에 대해 말할 수 있게 되었고, 어떻게 말해야 하는지도 알았다. 그렇다면 공적인 자리에서나 나를 잘 모르는 사람들 앞에서는 나의 이 성향을 어떻게 이야기해야 할까?

쉬운 일은 아니지만 나의 성격에 맞게, 내가 편안하게 느껴지는 방식으로 말하는 법을 배울 수는 있다. 여기서 가장 중요한 단어는 '편안하게'이다.

'내가' 편안하면 다른 사람들도 내가 편안하다는 것을 알고, 내게 필요하고 내가 더 선호하는 것을 이야기했을 때 잘 받아들여 준다. 중요한 질문은 이것이다. 내가 공적인 자리나 다른 사람들 앞에서 자신 있게 말할 정도가 되려면 얼마나 나 자신에게 편안해져야 할까? 이 고민을 하기 전에 먼저 알고 있으면 좋은 두 가지 사실이 있다.

첫째, 사실 자기 자신을 편안하게 느끼는 사람은 그다지 많지 않다는 것이다. 특정 상황에서 어색하고 불편하게 느끼는 사람이 나 혼자는 아니다. 아마 우리가 아는 사람 중 가장 확신이 넘치고 인기를 몰고 다니는 사람들조차도 가끔 무엇을 해야 할지, 무슨 말을 해야 할지 고민하다가 허둥대고 상황을 서툴게 넘긴 경험이 많을 것이다. 누구나 살다 보면 가끔은 실수도 하고, 더듬거리고, 어떻게 말하고 어떻게 행동해야 할지 모른다.

둘째, 나의 필요와 선호도에 대해 잘 전달하는 것 또한 서서히 완성되어 가는 과정이지 갑작스러운 변화가 아니라는 점이다. 시도를 하면 할수록 더 능숙해진다. 이 변화 과정은 스케이트 타기와 비슷하다고 보면 된다. 스케이트 링

크에 가보면 언제나 난생처음 스케이트를 타는 것처럼 보이는 사람들이 있다. 비틀거리고, 허우적대고, 우왕좌왕하고, 넘어지고, 양손을 휘젓는다. 하지만 일주일이나 2주일 후에 스케이트 타는 모습을 보면 어떤가? 동작은 보다 안정되고 움직임도 더 부드러워져 있을 것이다. 몇 주 후에 다시 한번 본다면 어떨까? 아마 동작이 확실히 더 매끄러워졌을 것이다. 말하기도 이와 마찬가지로 계속 연습하고 시도하다 보면 점점 더 수월해진다.

나만의 '스케이트 타기'를 시작했다면, 아마 모르는 사람에게 이에 대해 말하는 것이 어떤 느낌일지도 궁금할 것이다. 식당 직원이나 마트의 직원에게도 내가 무엇을 원하고 나에게 무엇이 필요한지 말할 수 있을까? 그렇다. 말할 수 있다. 나의 원래 모습대로 사는 것은 언제나 괜찮은 일이고, 나에게 편안하고 자연스러운 방식으로 세상을 경험하는 것 또한 언제나 괜찮은 일이다. 나의 필요와 욕구를 알리는 것에 문제가 있는 건 아니다.

나에 대해 큰 소리로 말해도 괜찮다. 세상에 완벽하게 똑같은 두 사람은 없고 모두가 각자만의 성향과 기호가 있는 법이다!

당당하고 솔직하게 말하기

열여섯 살의 트리스타는 친구들과 국수를 먹으러 간 어느 저녁 자신에게 솔직해지기로 마음먹었다.

밴드 연습을 마치고 우리는 다 같이 태국 식당에 갔어요. 나도 친구들과 뒤풀이를 즐겁게 하기 바랐지만, 이제까지 먹어본 태국 음식은 내게 대체로 다 매운 편이라 메뉴를 고르는 게 쉽지 않았어요. 메뉴판을 보고 돌아가며 음식을 주문하고 있는데, 내 차례가 되자 속으로 엄청나게 고민한다는 걸 다른 사람들이 알게 될까 봐 순간 얼어붙고 말았어요. 하지만 그때 내 생각을 말하기로 결심했고 작은 목소리지만 종업원에게 이렇게 말했어요. "제 팟타이를 약간 덜 맵게 해주실 수 있나요?" 이에 대해 미안해하거나 눈치 보지도 않았어요. 아무도 날 비웃지 않았고 음식이 나왔을 때 내가 즐길 수 있을 정도의 매운맛이라 좋았어요. 한번 그렇게 하고 났더니 내가 원하는 다른 것들에 대해서도 말하는 것이 더 쉽게 느껴졌어요.

트리스타는 눈치 보지 않고 당당하게 요구할 건 요구하고, 괜찮지 않을 때는 솔직히 괜찮지 않다고 표현하면서부터 자기 스스로가 더 괜찮은 사람으로 느껴지기 시작했다고 한다.

103

남에게 무언가를 요구하는 일이 두려울 수도 있다. 가끔은 어떤 말로 시작해야 할지 전혀 감이 오지 않을 때도 있다. 매운 음식에 대해, 혹은 낮은 실내 온도나 시끄러운 음악이나 거친 언어에 대해 이야기해야 할 때도 이렇게 운을 떼보자.

"저기 미안한데 혹시 이것 말고 다른 건…."

"조금 불편해서 그러는데…."

"내가 하고 싶은 건…."

"혹시 괜찮다면…."

"너희는 그냥 재미있게 놀아. 나는 가봐야 될 것 같아."

"아무래도 이렇게 해야 할 것 같아."

"내가 필요한 게 있는데…."

"부탁 하나 해도 될까요?"

"이렇게 해주시면 감사하겠습니다."

"제가 원하는 게 있긴 한데요…."

이런 문장들을 내가 대처해야 할 상황에 적용해 보자.

소리에 민감할 때

- 미안한데, 음악 볼륨 조금만 낮춰 줄 수 있나요?
- 나 콘서트에서 조금 먼저 나가 있을게. 이따 보자.

촉각에 민감할 때

- 이 의자 말고 다른 의자에 앉아도 될까요?

- 내 셔츠의 태그를 떼주면 감사하겠습니다.

- 이불장에서 다른 이불을 가져오고 싶은데 괜찮을까?

시각에 민감할 때

- 조명 밝기를 조금 낮추고 싶어요.

- 나는 파란 방에서 공부할게.

미각에 민감할 때

- 혹시 제 음식에서 양파와 후추는 빼줄 수 있어요?

- 오늘은 요거트 안 먹고 토스트만 먹을게요.

- 미안한데, 나 오늘은 혼자 점심 먹으려고 해. 괜찮지?

후각에 민감할 때

- 오늘 밤에는 향수 안 뿌렸으면 좋겠다.

- 나 잠깐만 매장 바깥에서 서 있어도 될까? 나는 향초 매장 안에 있으면 머리가 아프더라고.

통증에 민감할 때

- 나가기 전에 두통약을 먹어야 할 것 같아요.

- 오늘은 그냥 집에 있을게. 소화가 안 되고 더부룩해서.

- 오늘은 팔씨름 안 하고 싶어.

감정적으로 민감할 때

- 나는 이거 말고 다른 프로그램 보고 싶어.

- 나는 조금만 먼저 나갈게. 너희는 하던 이야기 마저 해.

- 나한테는 건설적인 비판이 더 도움이 되는 것 같아.

- 나한테 목소리 높이지 않았으면 좋겠어.

앞에서 예로 든 문장들을 보자. 이 말을 듣는 사람은 내가 무엇을 선호하는지 헷갈리지 않고 바로 이해할 것이다. 그러면서도 상대방을 무시하는 말이나 무례한 단어는 전혀 없다. 무엇보다 어떤 상황에서 무언가를 바꿀 힘은 남이 아니라 내 손에 달려 있음을 알 수 있다.

내 의사를 명확하게 전달한다는 것은 곧 내가 나를 친절하게 대한다는 뜻이다. 그런데 내가 나에게 친절한 것이 왜 중요할까? 내가 원하는 내 삶의 모습으로 통제할 수 있는 힘을 주기 때문이다. 일상 속 '모든 것'을 매 순간 통제할 수는 없지만 내가 나를 어떻게 대하는지와 내가 원하는 종류의 인생을 만들어내기 위해서 내가 어디까지 할 의지가 있는지는 통제할 수가 있다.

아마 '경계선'이라는 단어를 들어보았을 것이다. 이 단어는 내가 어디까지 받아들이고 받아들이지 않을지를 알리기 위한 방법으로 사용된다. 어떤 땅의 주인이 자기 소유의 땅 가장자리에 울타리를 칠지, 치지 않을지를 결정하는 것과 비슷하다고 할 수 있다. 울타리를 치지 않으면 이웃 사람과 낯선 사람들이 우리 집 마당이 지름길이라는 이유로 허락 없이 들락날락할 것이다. 울타리를 친다면 이웃과 지나가는 사람들이 정확히 어디까지만 밟을 수 있는지 알 것이고 잔디를 가로질러 가고 싶다고 생각했을 때도 울타리를 먼저 발견하게 될 것이다.

나의 '울타리'가 충분히 탄탄하고 사람들이 알아보고 다시 돌아갈 정도로 눈에 띈다는 것을 어떻게 알 수 있을까? 만약 나의 잔디가 계속 밟힌다면 내 마음이 계속 잔잔하게 불편할 것이고 화가 날 때도 있을 것이다. 이러한 부정적인 감정은 내게 경계선을 그어야 한다는 것을 알려주는 중요한 신호가 될 수 있다.

경계선 세우기

울타리는 눈에 보이면 그 자체로 언어가 된다. 사람들은 어떤 곳에 울타리가 있는지 보고 어디까지만 들어가야 하는지 명확히 알게 된다. 하지만 인간관계에서의 서로의 경계선은 눈에 보이지 않는다. 따라서 시각적으로 보여주기보다 '언어적으로' 설명해야 한다.

그렇다면 경계선이라는 건 어떻게 설정해야 할까? 우선, 가장 최근에 누군가 부당한 요구를 했거나 내가 원하지 않은 행동을 한 적이 있었는지 떠올려 보자. 영화관 뒷좌석에 앉은 사람이 무릎이나 발로 내 의자를 툭툭 찼을 수도 있다. 혹은 길에서 나와 다른 종교를 가진 사람이 가까이 다가와 너무나 적극적으로 포교를 하려고 했을 수도 있다. 같은 반 친구가 나에게 물어보지도 않고 내 가방을 뒤져서 펜을 빌려 갔을 수도 있다. 이처럼 불편하거나 거슬렸던 경험은, 나에게 경계를 설정할 필요가 있다는 신호일 수 있다.

영화관에서 경계선 긋기

먼저 영화관 앞뒤 좌석 상황부터 시작해 보자. 모르는 사람에게 말을 거는 일 자체가 쉽지는 않은데, 내가 앉은 의자 뒤를 차지 말라는 말을 해야 할 경우에는 더 긴장될 수 있다. 하지만 이 상황이 불편하다는 사실을 알리지 않으면 어떻게 될까? 아마 영화 보는 내내 이 일은 반복될 것이고 나에겐 괴로운 시간이 될 수밖에 없다.

부모님과 함께 영화를 보는 중이라면 먼저 부모님에게 말해보자. 부모님이 뒤를 돌아서 그 사람에게 의자를 차지 말라고 정중히 말해줄 수도 있다. 하지만 혼자 영화를 보는 중이거나 부모님에게 이야기하기 싫다면 뒤에 앉는 사람이 나를 볼 수 있을 정도로 뒤를 돌아본 다음에 이런 식으로 예의 바르게 말을 해보자.

"죄송한데, 발로 제가 앉은 의자를 차지 말아주세요. 감사합니다."

이 문장은 요구처럼 보일 수도 있지만 요구는 아니다. 상대방에게 발로 내 의자를 차는 것은 좋지 않다고 예의 바르게 말하는 방식이다. 바로 이것이 경계선이다. 이 말을 들은 상대는 대체로 조심하게 될 것이다.

포교하는 사람들에게 경계선 긋기

만약 포교하는 사람들이 다가와 종교를 강요할 때는 어떻게 해야 할까? 가장 먼저 '내 울타리'를 어디에 두고 싶은지 나에게 물어보자. 그 사람들이 접근해서 1분이나 2분 정도 이야기하는 건 받아들일 수 있을까? 만약 그렇다면 그 사람들이 계속해서 나를 붙들고 이야기하는 것은 어떤가?

어떤 건 괜찮고 어떤 건 괜찮지 않은지는 100퍼센트 내가 결정할 일이다. 하지만 나의 의사를 말이나 행동으로 꼭 전해야만 한다. 내가 선을 긋지 않는다면 포교를 하는 사람들은 절대 물러서지 않고 아마도 한 시간 넘게 종교에 관한 개인적인 질문을 계속 할지 모른다. 그들과 계속 이야기하고 싶지 않다면 이야기하고 싶지 않다고 말해야 한다. 예의 바르게 할 수 있고, 단호하게 할 수도 있다.

"관심 없습니다."

이렇게 말하고 걸어가 버려도 된다. 만약 그들이 계속 따라오면서 말을 하려고 한다면 울타리를 더욱 높게 쳐야 하고 보다 단호하게 말해야 한다.

"아뇨. 됐습니다."

무례한 친구에게 경계선 긋기

만약 같은 반 친구가 허락 없이 내 가방을 뒤진다면? 그 친구의 손에서 내 가방을 빼앗아 올 수도 있다. 하지만 이것이 경계선을 명확하게 알려주는 대화법인지 생각해 보아야 한다. 그보다는 이렇게 말로 하는 것이 좋지 않을까?

"말없이 내 가방에 손대지 말아줘."

("미안한데"를 앞에 넣어도 좋고 그렇지 않아도 된다.)

만약 내가 원하는 나의 경계선이 다른 사람들이 내 가방을 내 허락 없이 만지지 않는 것이라면 친구들에게 그렇게 말해야 한다.

타인에게 나의 경계선이 존재한다는 사실을 한번 알렸고, 그다음에도 경계선을 지키려면 그 사람에게 나의 경계선이 무엇인지 또다시 설명할 준비가 되어 있어야 하고, 반드시 지켜달라는 의미에서 행동을 취할 수도 있다. 가방의 경우에는 행동을 취한다는 의미가 나도 그 친구의 가방을 뒤지는 방식으로 복수하는 것이 아니라 선생님에게 말하거나 가방을 친구가 손댈 수 없는 곳으로 옮기는 방식이 될 것이다. 중요한 건 반격이나 보복을 하는 것이 아니라 경계선을 침범하지 않도록 행동을 취하는 것이다.

용기 내어 경계선 알리기

사람들에게 나의 경계선을 알리고 그 경계선을 지키는 것은 수고로운 일이다. 피곤하고 번거롭기도 하고 자칫 대립 구도가 될 수도 있다. 하지만 이 수고로운 일을 처음에 해두지 않으면 나중에 더욱 큰 불편함을 감당해야 할 수도 있다. 이를테면 두세 시간 내내 뒷사람의 발길질을 참아야 할 수도 있고, 포교자에게 전화번호까지 알려줘서 그 사람에게 매일 문자를 받는 사태에 이르게 될지도 모른다. 둘 중에 하나를 선택해야 한다. 처음에 나의 경계선을 알린 다음 차후에 생길 문제를 방지할 것인가, 아니면 처음에 경계선 대화를 하지 않은 후에 골칫거리를 안고 있을 것인가?

예민한 사람들은 대체로 분란 없이 평화롭게 이어지는 일상을 바라고, 모든 것이 잘 흘러가고 있음을 느끼고 싶어 한다. 그래서 처음에는 현재 일어나는 일을 무시하거나 회피하고 싶을 수 있다. 하지만 용기 내어 세상에 나의 경계선을 알려야 한다. 그래야 나의 내적 평화를 지킬 수 있다.

열일곱 살의 아이비는 옆집 부부의 다섯 살 아이를 봐준 적이 있었는데, 그들이 또 부탁할까 봐 두려워하고 있다. 그 부부가 외출했다가 집에 돌아와서 큰 소리로 싸우곤 했기 때문이다.

처음에 그 집 아이를 봐줄 때였어요. 아이 엄마, 아빠가 저녁 외출에서 돌아오자마자 부엌에서 소리를 지르며 싸우기 시작했어요. 너무나 당황했어요. 이러다 누구 하나가 집을 나가겠다 싶을 정도의 큰 싸움으로 보였거든요. 사실 무서워서 거의 울 뻔했어요. 난생처음 들어본 욕을 하기도 했어요. 그런데 5분 정도 지나니까 다시 키득키득 웃더니 언제 싸웠냐는 듯이 닭살 커플이 되어 있는 거예요. 소리도 그렇고 언어도 그렇고 나는 감당하기 어려운 수준이었는데 말이에요. 그런데 그 일 후에도 두 사람은 나에게 계속 아기를 봐달라는 거예요.

아이비는 매우 괴로웠다. 부부 싸움이 소리도 너무 컸고 거칠었다. 물론 용돈도 벌고 싶었고, 아이는 귀여워 계속 봐주고 싶었지만 더 이상 그 집에서 격한 감정 폭발을 보고 싶지는 않았다. 문제는 그런 일이 아기를 보러 갈 때마다 거의 매번 일어났다는 것이다.

여기서 아이비는 어떤 선택을 할 수 있을까? 다음의 선택지들이 있다.

- 웬만하면 그 집에 아기를 보러 가지는 않는다. 솔직히 말하면 부부가 기분 나쁠지도 모르니 계속 바쁘다는 핑계를 댄다.
- 부부 싸움 때문에 그 집에 가고 싶지 않다고 직접적으로 말한다.

- 두 분이 싸우면 불편해진다고 솔직히 말하고 자기가 있을 때 싸우지만 않는다면 아기는 계속 돌보고 싶다고 말한다.
- 부모님에게 그 집에서 아이를 볼 때 어떤 일이 있었고 기분이 어땠는지 말씀드린 뒤 어떻게 해야 할지 조언을 구한다.

이 문제를 어떻게 처리할지는 아이비가 결정할 수 있다. 하지만 옆집 부부가 소리를 계속 지르고 아이비의 경계선이 지켜지지 않는다면, 아이비는 계속 그 집에 있어서는 안 되고 진지하게 그 부부에게 문제가 무엇인지 말하는 것도 고려해야 한다. 직접 말해도 되고 부모님에게 대신 말해달라고 할 수도 있다.

나라면 이 상황에서 어떻게 할까? 아이비가 이 문제에 대해서 이야기하고 싶지가 않아서 이웃집 연락을 받지 않는다면 나중에 또 다른 문제로 이어질 수도 있지 않을까?

반드시 기억해야 한다. 내 평화의 가장 강력한 수호자는 바로 나다. 나는 세심하고 예민한 감성을 지닌 사람이고, 세상은 종종 그런 나를 이해하지 못하고 둔감하게 다가올 수 있다. 때로는 사람들의 의도가 나쁘지 않더라도 힘겹다고 느낄 수 있다. 그들이 느끼는 방식과 내가 느끼는 방식이 다르기 때문이다. 나로 사는 것이 어떤 건지 전혀 모르는 사람에게 끌려다니거나 휘둘리지 않도록 하자.

CHAPTER 6
나는 내가
가장 잘 알고 있다

일상생활에서도 크고 작은 스트레스가 있고 피로가 누적될 수 있다. 학교와 학원 숙제, 심부름이나 집안일, 친구들과 노는 시간, 급한 약속을 다 챙겨야 한다. 가끔은 하루 종일 아무것도 하지 않고 소파나 침대에서 뒹굴거리거나 좋아하는 음악을 듣고 싶다. 아무도 없는 내 방에서 푹 쉬고 싶다.

모두가 스트레스를 덜어내는 방법, 지친 하루를 보내고 난 뒤에 자기만의 휴식을 찾는 방법이 필요하다. 예민한 사람들에게는 이러한 시간이 더 많이 필요한 편이다. 하지만 집에서도 스트레스를 받는다면 어떻게 해야 할까? 주변 환경이 차분하고 편안하지 않을 때는, 스스로를 달래고 진정시키는 데 더욱 능숙한 전문가가 되어야 한다.

내게 필요한 것이 무엇인지는 내가 가장 잘 안다. 내가 가장 좋아하는 숲길이나 공원 산책로를 천천히 걸으면 소란스러웠던 마음이 진정되고, 식구들이 모두 방에서 잠들었을 때 부엌에서 차 한잔을 타서 마시면 감정이 정리가 되기도 한다. 내가 버겁게 느끼고 지치는 이유는 오감과 감정을 통해서이므로, 기분을 나아지게 하기 위해서는 오감이나 감정을 직접 공략해야 한다.

먼저 청각적인 부분부터 시작해 보자. 평소에 소음이 있는 환경에 둘러싸여 있거나 자주 귀가 피곤하다고 느껴지면 다음 방법을 생각해 보자.

- 내가 선호하는 조용한 음악, 예를 들어 소프트 재즈, 팝 발라드, 포크, 잔잔한 배경음악 등을 듣는다. 나는 내가 좋아하는 음악을 알고 있고, 어떤 음악을 들으면 단박에 기분이 좋아지는지 안다. 만약 집 안에서 내 플레이리스트에 담은 음악을 들을 만한 장소가 없다면 헤드폰이나 이어폰을 사용하여 나만의 청음실을 만든다.
- 노이즈 캔슬링 헤드폰을 사용한다. 가끔은 음악이나 주변 소음을 모두 차단하고 무음의 진공 상태에 있고 싶을 때도 있다.
- 나만의 한적하고 고요한 장소를 찾는다. 집에 마당이나 포치가 있으면 좋고 동네 도서관의 구석

자리도 좋다. 집 근처 호수 공원에 있는 벤치를 찾아가도 된다. 나의 평화를 다시 회복하기 위해서라면 혼자 어딘가로 떠나는 것은 전혀 문제 될 게 없다. 친한 친구나 가족과 같이 갈 수도 있는데, 그렇더라도 서로 방해하지 않고 각자만의 방법으로 조용히 쉴 수 있어야 한다.

눈을 쉬게 하기 위해서는 무엇을 할 수 있을까? 조명이 너무 밝거나 스크린이 많고, 지나가는 사람도 너무 많다면 다음을 시도해 보자.

- 청각을 진정시키기 위해 찾아가던 곳들 중 몇 곳을 그대로 찾아가 보자. 그 장소들은 어쩌면 눈도 편하게 해주는 장소일 수 있다. 눈을 피로하게 하지 않는 자연 속으로 들어가 보자.
- 만약 나만의 환경을 창조할 수 있다면 지금 당장 내 앞에 펼쳐져 있기를 바라는 장면을 상상해 보자. 가을 숲이나 야생화가 가득한 들판은 어떨까?
- 주변 환경을 정돈하고 불필요한 것들을 치우면 마음의 평온을 느끼는 데 도움이 된다. 종이가 여기저기 흩어져 있고 옷이 바닥에 널려 있는 어수선한 공간에 앉아 있으면, 불안하거나 부정적인 기분이 들 수 있다. 몇 분만 투자해서 방을 치워보자. 기분 또한 바로 달라질 것이다.
- 방의 조도를 조절하자. 부드럽고 은은한 조명은

차분하고 안정적인 분위기를 조성한다.

촉각의 경우에는 어떻게 해야 할까? 만약 내가 앉아 있는 의자나 입고 있는 옷의 감촉이 불편하다면 다음을 고려해 보자.

- 기회가 된다면 바로 다른 옷으로 갈아입자. 보들보들한 파자마나 낡았지만 편한 티셔츠, 제일 즐겨 입는 청바지를 고른다. 신발이나 양말을 벗고 맨발이 되거나 좋아하는 편한 양말로 갈아신는다.
- 가장 편안한 의자에 앉거나 소파에서 가장 좋아하는 자리에 앉는다.
- 촉감이 마음에 드는 부드러운 천이나 소재를 만진다.
- 가장 편안하게 느껴지는 최적의 수온으로 따뜻한 샤워나 목욕을 한다.

후각이 지나치게 자극을 많이 받아 회복하고 싶을 수도 있다. 다음을 시도해 보자.

- 바깥에 나가서 신선한 공기를 마신다. 숨을 자연스럽게 쉴 수 있고 내 몸의 긴장이 풀릴 때까지 바깥에 있는 것이 좋다.
- 가능하다면 창문을 열어 환기를 시킨다.
- 특별한 추억이 있거나 기분이 좋아지는 향기를

맡자. 만약 자극적인 냄새가 나는 장소에 있다면 일단 그곳을 벗어난 뒤 천천히 숨을 깊이 내쉬고 깨끗한 공기를 들이마신다. 그다음에는 조금 더 옅은, 내가 좋아하는 향기를 맡을 준비가 되어 있을 것이다.

- 페퍼민트 껌을 씹어보자. 불쾌한 냄새에서 벗어나게 해줄 수 있다. 상쾌한 민트 향이 마음에 들어 불쾌한 기분이 회복될 수 있다.
- 마스크를 쓰는 것이 불편하지 않다면 마스크로 냄새를 차단하는 것도 좋다.

나에게는 너무 텁텁하거나 역하게 느껴지는 음식, 혹은 너무 강한 맛의 음식 때문에 힘들다면 다음을 시도해보자.

- 강한 맛을 중화시키기 위해서 물을 몇 모금 마신다.
- 할라페뇨나 하바네로 같은 매운 양념이 들어간 음식을 먹었다면 중간에 빵을 몇 조각 먹자.
- 무엇을 먹더라도 한 입 크기를 줄여서 조금씩 먹는다면 그 음식의 향과 맛이 그렇게 강하게 느껴지지 않을 수 있다.
- 같은 이유로, 한 입을 먹고 나서 다음 한 입을 먹기 전 잠시 멈추는 것도 도움이 된다.

마지막으로, 감정에 너무 압도되거나 너무 강렬한 감정을 느끼느라 마음이 지친다면 다음을 시도해 보자.

- 내가 느낀 것들이 어떤 감정이었는지 인식한다.
- 이러한 감정이 자연스럽고 정상적이며 얼마든지 느껴도 된다고 나 자신에게 말하자.
- 그 감정을 천천히 느끼자. 그것이 나에게 잘해주는 것이다.
- 감정을 느끼는 동안 잠시만이라도 그 자리를 벗어나 나 혼자만의 시간을 가져보자. 학교나 쇼핑몰, 극장, 혹은 집에 있었다면 잠깐 화장실에 가 있어도 된다. 그저 몇 분이라도 내가 지금 느끼는 감정을 소화할 수 있는 공간이 필요하다.
- 깊게 심호흡을 한다. 그것만으로도 신경계를 안정시켜 줄 것이다. 코로 2초 동안 숨을 들이마시고 3초 동안 참은 후 입으로 4초 동안 천천히 내뱉는다.
- 감정이 너무 요동치지 않도록 잠시 나를 가라앉혀야 한다. 주변을 둘러보고 속으로 숫자를 셀 수 있는 것을 찾아보자. 주차장의 차가 몇 대인지 세거나 벽의 벽돌을 세거나 책장의 책을 센다. 이렇게 하면 두뇌는 내가 보고 있는 것들로 주의를 돌리고 숫자를 세는 데 집중하게 하는데, 그사이 강렬한 감정이 조금은 누그러질 수도 있다. 특히 화가 나거나 불안할 때는 이 방법이 효과가 있다.

열네 살의 오스틴은 증조할머니를 무척 좋아하고 같이 시간을 보내고 싶다. 그런데 할머니 집에 갈 때마다 여러 감각적인 문제 때문에 힘겹다. 할머니의 집에는 오래된 고가구들과 원목 의자와 쿠션들이 가득하다. 거의 모든 방에서 진한 꽃향기가 난다.

불편한 가구들과 강한 향 때문인지 오스틴은 할머니 집에 가면 어딘가 불편하고 편히 쉴 수가 없다. 엄마에게 말해봤더니 "그냥 네가 조금만 참아. 92세 할머니한테 우리가 맞추는 게 낫지 않겠니?"라고 말했다. 오스틴은 딜레마에 빠졌다. 아프다고 거짓말하고 할머니 집에 가지 말까? 아니면 일단 간 다음에 싫더라도 참고 견딜까?

둘 다 하지 않기로 했어요. 엄마는 할머니에게 솔직히 말하되 기분 상하지 않게 말씀드리는 건 괜찮다고 했어요.

그래서 할머니에게 앤티크 가구들이 고풍스럽고 우아하지만 의자가 딱딱해서 몇 분만 앉아 있어도 힘들기 때문에 이제부터 할머니 집에 오면 바닥에 양반다리를 하고 앉겠다고 했어요. 그리고 꽃향기가 좋긴 하지만 내가 냄새에 워낙 민감한 편이라 머리가 아프고 눈도 따끔거린다고 했어요. 창문을 열거나 천장에 있는 실링팬을 켜고 싶다고요. 그러면서 테라스에 나가 앉아 있어도 되는지 물었어요. 할머니는 약간 놀라셨지만 내가 그렇게 해야 한다면 상관없다고 말씀하셨어요. 이번에 배운 교훈이 있다면, 혼자 괴로워하는 것보다는 서로 기분이 상하지 않게 유의하면서 솔직하게 이야기하는 게 낫다는 거예요.

마음 안정 키트 만들기

감각과 감정의 과부하에 대비하는 또 하나의 방법이 있다. 나를 즉각적으로 진정시켜 줄 물건들을 넣은 '키트'를 만들어 방이나 자동차, 가방에 넣어두었다가 필요할 때 꺼내 사용하는 것이다.

일명 '마음 안정 키트'다. 나를 감각적으로 기분 좋게 해주는 물건을 모아둔 수집함을 말한다. 이 안에는 만지면 기분 좋은 천 조각이 있을 수도 있고 긴장을 완화시켜 주는 향수도 넣어둘 수 있다. 노이즈 캔슬링 헤드폰이나 귀마개, 민트 박스나 껌, 좋아하는 책, 손으로 만지며 긴장을 풀 수 있는 피젯 장난감이나 스트레스 볼 등 불안하거나 감각이 날카로워졌을 때 나를 진정시켜 줄 수 있는 아이템이라면 뭐든 좋다.

먼저 가방이나 상자를 고르고 나를 달래줄 아이템을 하나씩 수집하는 행위 자체가 긴장을 완화시키고 마음을 위로해 주기도 한다. 집에 있는 물건을 이용해도 되고 평소에 갖고 싶었던 아이템을 하나둘 구입하여 키트를 새롭게 채워도 된다. 이 키트를 마음속으로 떠올렸을 때 나의 소중한 물건들을 넣고 싶다고 생각하는 가방이나 상자가 있는가? 집에 있는 파란색 상자는 어떨까? 끈으로 여밀 수 있는 새틴 손가방은 어떨까? 나를 위로해 주고 안심시켜 줄 물건은 어떤 것들일까?

열여덟 살의 와이어트는 작년 크리스마스 선물이

담겨 있었던 초록색 상자로 마음 안정 키트를 만들어 보았다.

그 안에 부드러운 조약돌 몇 개를 넣었어요. 손에 잡고 굴리면 기분이 좋아지거든요. 우리 할아버지가 갖고 계셨던 오래된 지폐 클립도 들어 있어요. 할아버지와 가깝게 느껴져서 좋아요. 방학 때 아르바이트로 잠깐 일했던 식당의 동료들이 내가 학교 진학을 위해 그만두던 날에 써준 롤링페이퍼도 넣었어요. 그 카드를 보면 나에게 좋은 친구들이 있다는 사실, 그리고 그 친구들이 나에게 보낸 다정한 마음이 떠오르거든요. 상자에 꽤 잡다하게 많은 물건을 넣었어요. 솔직히 이 상자를 대학교까지 가져올 줄은 나도 몰랐어요. 기숙사 방 침대 밑에 넣어두었지만 아직까진 아무도 그 상자의 존재를 몰라요.

지나친 자극에서 물리적으로 벗어나기

    나의 어떤 감각이 예민해지는지에 상관없이 내 기분을 보호하기 위해서는 먼저 과도한 환경에서 한 발 벗어나려는 행동도 필요하다. 잠시 벗어나는 건 도망치는 것도 아니고 친구나 가족을 멀리하는 것도 아니다. 나의 내적 평화와 정서 안정을 위해 잠시 휴식을 취하는 것이다.

    잠시 벗어나 있어도 되는 상황에는 무엇이 있고, 그런 상황에서 나는 어떻게 하면 좋을까? 다음의 예를 살펴보자.

즐겁고 떠들썩한 분위기가 부담스러울 때

    금요일 아침에 학교 체육대회가 열렸고 응원 행사도 시작되었다. 교장 선생님이 축구팀 이야기를 하자 모두가 소리 높여 환호한다. 개회식이 끝나고 20분이 지나자 학교 밴드가 응원가를 연주하고, 내 주변 사람 모두가 일어나서 춤추고 손뼉 치며 응원가를 따라 부른다. 그런데 나에게는 이 정도면 충분하다는 생각이 든다. 더 이상은 버겁게 느껴진다.

    신경이 극도로 예민해진다면 다른 친구들이 응원하기 위해 일어날 때 그 틈을 타서 같이 일어난 뒤 계단식 응원석에서 내려와 잠시 화장실로 피신하자. 선생님이 어디 가는지 물어볼 수도 있지만 괜찮다. 별다른 설명 없이 화장실에 간다고만 말씀드려도 된다. 아니면 소음 때문에 힘들어서 잠깐 실내에 들어가 있겠다고 말해도 된다.

    어떤 행사나 상황이든 화장실에 잠깐 다녀올 수

있는 곳이라면 잠시 벗어나 있어도 괜찮다. 학교 행사나 공적인 행사여도 괜찮다. 떠들썩한 공연장, 발표회장, 모임, 댄스파티, 미팅 장소에서 계속 머물러 있기 버겁다면 잠시 동안은 물러나 있어도 된다.

영화나 뉴스 보기가 괴로울 때

가끔은 훌륭하다는 후기가 많았던 영화가 예상대로 재미있고 감동적이긴 하지만 내가 감당하기 힘들 정도로 슬프거나 비극적으로 흘러갈 수도 있다. 영화의 어떤 부분은 즐겁게 보기도 했고 친구나 가족과 오붓한 시간을 보낼 수 있어 감사하긴 하지만 영화를 계속 본다면 내가 나를 너무 힘들게 할 것 같다. 혹은 거실 텔레비전에서 화재로 인해 사망한 사람들에 관한 뉴스가 계속 나오고, 나는 마음이 아파서 그 뉴스를 보거나 듣고 있기 힘들다.

이럴 때는 '언제라도' 극장에서 나와 있어도 되고 거실을 벗어나 내 방으로 들어가도 된다. 화장실에 간다고 말해도 되고 지금 나오는 내용이 보기 힘들어서 그렇다고 솔직히 말해도 된다. 무엇이든 나에게 가장 편안한 행동을 하자.

슬프거나 불쾌한 콘텐츠를 보고 싶지 않을 때가 있다고 해서 나에게 어떤 문제가 있는 건 아니다. 어떤 것들이 나에게 맞지 않을 때 우리의 심장과 머리가 그 사실을 말해줄 뿐이다. 이 정도면 충분하다는 생각이 들 때 같이 있던 사람들에게 양해를 구하고 잠시 자리를 비우는 건 내 모습에 솔직하고 나 자신을 아끼는 행동이다.

다른 사람들의 갈등 사이에 끼어 있을 때

학교 식당에서 점심을 먹고 있는데 친한 친구 둘이 옥신각신하나 싶더니 곧이어 말다툼으로 변한다. 둘 다 목소리가 너무 높아져서 옆에 있는 내가 어찌해야 할 바를 모르겠다. 혹은 부모님과 차를 타고 가고 있는데 갑자기 부모님이 언성을 높이며 싸우기 시작한다. 내 기분은 점점 안 좋아지고 이 차에서 탈출하고 싶다는 생각밖에 들지 않는다.

첫 번째 시나리오에서는 어떻게 하면 좋을까?

"미안! 나 먼저 나가 있을게."

"나는 옆자리에 있을게."

이렇게 조심스럽게 말한 뒤 다른 자리로 가서 앉아 있어도 된다.

두 번째 시나리오에서는 차가 달리고 있거나 신호등 앞에서 멈추었을 수도 있다. 당장이라도 차 문을 열고 내리고 싶겠지만 안전하지 않을 수 있으니 성급한 행동은 하지 말자. 그보다는 이어폰을 꺼내서 음악을 듣거나 좋아하는 유튜브 콘텐츠를 보는 등 정신적으로 그 공간에서 '탈출'하는 방법을 찾아보자.

비난을 받거나 언어 공격을 당한다고 느껴질 때

다른 사람들 사이의 갈등 상황에 끼어 이러지도 저러지도 못한 채 휘말리는 것도 힘들지만, 더 심한 건 사람들의 분노나 비난이 나를 향해 있을 때다. 이럴 때야말로 사방이 벽으로 된 곳 안에 갇힌 기분이 든다. 대다수 사람들에게 매우 불편한 상황이지만 예민한 사람에게는 참을 수 없을 정도로 괴롭게 느껴질 수도 있다.

감정적으로 큰 상처를 받기도 하고 충격, 분노, 공
포, 실망, 좌절, 억울함 같은 온갖 감정이 파도처럼 밀려들기
도 한다. 나를 비난하거나 모욕하는 말을 꼼짝하지 않고 듣고
만 있으면 불안감이 치솟는데, 이것이 위험한 상황임을 알리
는 두뇌의 신호일 수도 있다. 물리적인 위험에 처한 것은 아
니지만 내 두뇌가 위협을 감지하고 불안한 감정을 이용해 우
리에게 이 상황에서 도망가거나 숨거나 혹은 상대에게 화를
내라고 경고하는 것이다. 하지만 우리에겐 다른 선택지도 있
다. 잠깐만 이 상황에서 벗어나겠다고 말하고, 말 그대로 물
리적으로 그 자리에서 멀어지는 것이다.

내가 참여하고 싶지 않은 논쟁이나 다툼에서 잠시
물러나 있고 싶다면 이렇게 말할 수 있다.

"우리 다음에 이야기하면 어때? 네가 조금만 더
차분해진 다음에 이 대화 마무리하자. 난 잠깐 나
가 있을게."
"나는 누가 나한테 큰 소리로 말하면 너무 힘들거
든. 잠깐만 나갔게 올게."
("이 이야기는 나중에 다시 하자."는 말을 덧붙일 수
도 있지만 정말 그럴 의향이 있을 때 덧붙이자.)
"지금은 이 대화가 너무 힘들어. 조금 쉬었다가 다
음에 했으면 좋겠어."

그냥 아무 설명 없이 갑자기 사라져버리는 것보다

는 먼저 왜 힘든지 말하고 자리를 비우는 편이 좋다. 그렇게 해야 내 감정을 내가 통제하는 것이고 내가 나를 존중한다는 느낌을 얻을 수 있다. 그렇게 해야 다른 사람들 또한 내가 스스로를 존중한다는 사실을 알 수 있고, 그 상황을 더 혼란스럽게 만들지 않고 안정시킬 수 있다.

아무 말 없이 나가버리는 것보다는 미안하다고 말하고 나가는 것이 훨씬 예의 바른 행동이다. 하지만 물리적인 공격을 받을지도 모른다고 생각한다면 예의를 고려하지 않아도 된다. 그저 빨리 벗어나는 게 우선이다.

나의 감각 중에 어떤 감각이 너무 자극되었다면 잠시 물러나는 것이 가장 좋은 선택지가 될 수도 있다. 물리적으로 벗어날 수도 있고 귀마개나 노이즈 캔슬링 이어폰을 사용할 수도 있다. 물러나 있는 시간이 5분이 될 수도 있고, 하루가 될 수도 있고, 영원할 수도 있다.

나에 대한 전문가는 다름 아닌 나 자신이고 스스로를 돌보아야 할 책임과 권리는 나에게 있다. 하지만 이때도 연습이 필요하다. '마음 안정 키트' 만들기부터 시작하면 어떨까? 개인적으로 내게 필요한 것이 무엇인지 차분하게 생각할 기회가 된다!

지금까지 나 자신을 스스로 돌보는 법에 대해 이야기했다. 그렇다면 내 주변에 부담스럽게 하거나 화나게 하는 사람이 있다면 어떻게 해야 할까? 다음 장에서 이 주제에 대해서 더 깊이 들어가 상대하기 힘든 여러 타입의 사람들과 어울려 지내는 법에 대해 같이 고민해 보자.

CHAPTER 7
어울리기 버거운
사람들이 있다

공립학교에 다니든 사립학교에 다니든, 아니면 홈스쿨을 하든 그곳에서 만나는 대다수 사람들은 나보다는 덜 예민할 가능성이 높다. 하지만 내가 예민하더라도 그들과 대체로 잘 지낼 수 있다. 내가 기본적으로 사람을 좋아하고 관계에서 생기는 사소한 문제들은 그리 어렵지 않게 해결할 수 있기 때문이다. 하지만 그중 몇몇 사람들, 예를 들어 반 아이들, 동네 친구, 가족 구성원 중 누군가는 반복적으로 내 감정에 상처를 주거나 신경을 건드려 화나게 할 수 있다. 그들이 나에게 미치는 영향을 제대로 인식하지 못한다면 내가 그들을 좋아하지 않는 것 같다는 찜찜한 느낌을 가질 수도 있다. 일반적으로 예민한 사람들이 가깝게 지내거나 친해지기 쉽지 않은 타입의 사람들은 다음과 같다.

지나치게 외향적인 사람들

외향적인 사람들은 내면의 생각이나 감정보다는 주변의 세상에 더 초점을 맞추는 경향이 있다. 그들은 다른 사람들과 이야기하고 어울릴 때 더 에너지가 넘친다. 이들을 외향형이라고 하는 이유는 자신의 에너지를 '외적인' 방향, 즉 바깥으로 발산하기 때문이다.

반면 내향적인 사람들은 일반적으로 자신의 내면에서 일어나는 생각과 감정에 더 집중하고, 다른 사람들과 이야기하고 어울릴 때 에너지가 소진된다고 느낀다. 이들의 에너지는 내면으로, 즉 안으로 향한다. 내향형은 다른 사람들과 어울리면서 바닥난 에너지를 혼자 있는 시간을 통해 다시 채워야만 한다.

예민한 사람 중에는 대체로 내향형이 많지만 항상 그렇지는 않다. 외향형 HSP도 있고 때로는 외향형과 내향형의 기질을 모두 가진 사람도 있다.

하지만 예민한 사람이 자신의 에너지를 바깥으로 지나치게 발산하는 극외향인과 많은 시간을 보내면 그 자극이 버겁게 느껴질 수 있다. 에너지를 바깥으로 발산하다 보면 목소리가 올라가고 손짓과 발짓도 커진다. 외향형은 자신이 지금 하고 있는 생각을 바로바로 말하는 경향이 있고, 내향형은 대개 자신의 생각을 혼자 간직하거나 여러 번 곱씹어 본 다음에야 조심스럽게 드러내는 편이다.

예민한 사람은 에너지를 바깥으로 내뿜는 외향형 사람들과 오랜 시간 같이 있으면 곧잘 피곤해지곤 한다. 그 사람이 아마도 우리가 원하는 것보다 더 많이 말하고 더 크게 말하기 때문일 것이다. 나는 아직 말할 준비가 안 되어 있고 혼자 생각할 시간이 더 필요한데, 그들은 나에게 자기처럼 바로 의사 표현을 하고 참여하기를 요구한다.

열일곱 살의 그레이시는 패스트푸드점에서 아르바이트를 하는데, 극외향형 동료와 같은 시간대에 일하는 것을 피하고 싶을 때가 있다.

그 사람이 싫은 건 전혀 아니에요. 좋은 사람이라고 생각해요. 하지만 그냥 좀… 항상 과하다 느껴져요. 대기할 때도, 일할 때도 항상 말을 시키고, 손님들한테도 몇 년간 친하게 지내온 친구처럼 말을 건네요. 항상 나에게 질문을 하고 내가 바로 대답을 하지 않으면 벌컥 짜증 낼 때도 있어요. 솔직히 말하면 요즘에 그 사람을 피하고 있어요.

하지만 이런 사람을 피하는 것만이 유일한 방법은 아니다. 이 상황을 가볍게 여기고 유머러스하게 접근할 수 있다. 내 주변에 극외향형 동료, 극외향형 친구, 극외향형 가족들이 있다면 그들의 에너지가 나에게는 너무 부담된다고 말할 수 있다. 그들이 '바깥에서 에너지를 쓰는 동안' 나는 '안에서 쉬어야 한다'고 말하는 것이다. 이런 유머러스한 접근법이 통하지 않을 때는 같은 내용을 조금 더 진지하고 담담한 방식으로 전달해도 좋다.

137

또 하나의 방법은 내 본래의 모습을 유지하는 것이다. 상대가 나에게 너무 많은 질문을 하거나 너무 길게 말하거나 큰 목소리로 말할 때도 평소 하던 대로 행동한다. 즉, 6장에서 소개한 방법처럼 내가 편하다고 느끼는 만큼만 들어주고 정중하게 자리를 피하는 것이다. 또한 나보다 훨씬 외향적인 사람에게 어떤 토론이나 논쟁을 계속 이어가기 전에 생각을 정리할 시간이 더 필요하다고 설명할 수도 있다.

도전적 성향을 가진 사람들

　　이 유형의 사람은 본래 대립적인 성향을 가지고 있어 내가 한 말에 대해 논쟁을 벌이거나 반대 의견을 표명하려고 다가오는 경우가 많다. 도전적 성향을 가진 사람의 의도가 항상 나쁜 것도 아니다. 또한 이들은 예민한 사람들에게 이 언쟁이 얼마나 불편하고 소모적으로 느껴지는지를 이해하지 못할 수도 있다. 때로는 이 사람들이 불쑥 논쟁을 걸어오기 때문에 마치 기습을 당한다고 느낄 수도 있다. 이들의 이른바 '기습 공격'은 대체로 다음과 같은 방식으로 시작된다.

　　"너 그때 내 문자에 왜 답 안 했어?"
　　"왜 멍하니 서 있기만 하고 청소 안 도와주니?"
　　"네가 투표권이 있다면 어떤 후보 뽑을 거야?"
　　"너는 꼭 그 자리에만 앉더라. 너만 특별하다고 생각하니?"
　　"난 그 생각에 반대야. 내 말이 틀렸으면 증명해 봐."

　　이런 대화가 불편하다고 느껴지면 언제라도 양해를 구하고 빠지거나 자리를 벗어나도 된다. 대체로 이런 도전형의 사람들은 지금 당장은 이 문제에 대해 말하고 싶지 않다고 직접적으로 말하면 의사를 존중하는 편이다. 직접적인 소통 방식을 원하는 사람은 상대에게서도 같은 태도를 원한다. 짧게, 직설적으로 말하는 게 좋다. 핑계를 대거나 중언부언하지 말자. 확고하게 나가자. 이렇게 대답하면 어떨까?

"너 그때 내 문자에 왜 답 안 했어?"
"내가 보낼 수 있을 때 보내려고."

"왜 멍하니 서 있기만 하고 청소 안 도와주니?"
"응, 알겠어."
(질문에 대한 답변이라기보다는 상대방의 불만사항을 인정한다는 뜻이다.)

"네가 투표권이 있다면 어떤 후보 뽑을 거야?"
"그건 내가 알아서 할 문제지."

"너는 꼭 그 자리에만 앉더라. 너만 특별하다고 생각하니?"
"아니. 그렇게 생각 안 해."

"난 그 생각에 반대야. 내 말이 틀렸으면 증명해 봐."
"네 의견 존중해."

비판적 성향을 가진 사람들

비판형의 사람은 우리에게 자꾸 더 잘할 수 있다고 말하고 싶어 한다. 이들은 대립적이거나 강압적이지는 않지만 상대가 최선을 다할 수 있게 격려하는 대신 부족한 점을 지적하여 예민한 사람의 기분을 상하게 한다.

열여섯 살 숀의 경우, 그의 인생의 가장 가혹한 비판가는 바로 아버지였다.

우리 부자 관계가 얼마나 어색하냐면요, 아버지가 저쪽에서 걸어오면 나는 뒤돌아서 다른 길로 돌아가는 정도예요. 아버지를 무서워하거나 싫어하는 건 아니에요. 아버지가 나만 보면 항상 지적을 하기 때문에 불편해요. 내 이글 스카우트 프로젝트의 아이디어에 대해 신나서 말하면 바로 문제점을 지적하며 기대를 깨뜨려요. 나의 SAT 성적에 나름대로 만족해 점수를 말씀드리면 형 점수가 훨씬 더 높았다고 하면서 이 점수로는 명문대학에 진학할 수 없다고 해요. 이제 내 생활에 관한 건 어떤 것도 아버지에게 말씀드리기 싫어졌어요.

예민한 사람은 자신의 감정에 귀를 기울일 줄 알고 다른 사람의 감정도 세심히 살피는 편이기 때문에, 상대방을 배려하지 않고 건설적인 방식으로 비판을 하지 않는 사람과는 잘 지낼 수가 없다. 손은 그저 아버지의 지적 때문에 상처를 받은 것이 아니다. 이런 말들이 아들의 마음을 상하게 하는 걸 알면서도 같은 행동을 반복하는 아버지 때문에 상처를 받는 것이다.

가끔은 정서적으로 예민하다는 것이 밝은 조명이나 소음에 예민한 것보다 타인의 공감이나 이해를 받기 어려울 수가 있다. 조명의 밝기는 눈으로 볼 수 있고 소음의 정도도 확인할 수는 있지만 내가 느끼는 감정은 상대가 같이 느끼거나 확인할 수 없기 때문이다.

비판하는 사람들은 자신의 말이 얼마나 날카로운 비수처럼 꽂히는지 전혀 모른다. 물론 그들도 껄끄러운 말을 꺼냈다는 것을 알고 듣는 사람이 속상할 수도 있다는 건 알지만 그 고통을 실제로 느끼지는 못한다. 바로 이 점이 중요하다. 그들은 비판이 효과가 있다고 생각해서 의도적으로 하는 것이다. 하지만 그렇다고 해서 당사자의 아픔을 느끼고 있는 것은 아니다. 따라서 이들에게는 솔직하게 내 감정에 대해 이야기를 해줄 필요가 있다. 앞으로 그들이 나를 더 배려할 수도 있고 돌려 말할 수도 있지만 그렇지 않을 수도 있다. 그래도 나를 방어하고 그 사람에게 내 심정을 전달하는 편이 앞으로 그 사람이 있는 자리는 무조건 피하거나 갑자기 화를 내고 뛰쳐나가는 것보다는 나을 것이다.

내 인생의 비판가가 담임선생님이라고 생각해 보자. 오늘은 학급회의 시간에 비밀투표로 회장 선거를 했고 나도 후보로 나섰다. 투표가 끝난 후에 담임선생님이 다른 학생의 이름을 회장으로 공표하자 나는 속으로 실망했다. 수업이 끝난 뒤 나는 다른 아이들이 모두 교실을 빠져나갈 때까지 기다렸다. 내 이름이 총 몇 표가 나왔는지 묻기 위해서였다. 몇 표 차이로 기회를 놓친 것인지 궁금했다.

"경쟁 자체가 안 됐어."

담임선생님이 딱 잘라 답했다.

"너 딱 두 표 받았어. 너 인기 없잖아. 인기 많은 애들이 회장이 되지."

물론 내가 인기 많은 사람이 아니란 걸 알고 있었지만 담임선생님이 면전에서 인기가 없다는 말을 하니 마치 뺨을 맞은 느낌이었다. 그 말을 듣자마자 본능적으로 교실을 나가 아무도 없는 곳에 가서 숨을 고르거나 울고 싶다는 충동이 들었다. 하지만 그 순간 나는 가만히 있지 않고 담임선생님의 말에 대응하기로 했다.

"퍼거슨 선생님, 선생님이 일부러 저한테 상처 주려고 그러신 건 아니겠지만 그렇게 말씀하시니까 속상해요."

나는 공손하게 말씀드렸다.

이렇게 말하면 담임선생님은 곧바로 사과를 하고 그저 내가 사실을 알기를 바란 것뿐이라고 말할 수도 있다. 사과를 하지 않고 그저 현실은 파악하는 것이 좋지 않냐고 말할 수도 있다. 혹은 이런 일로 너무 예민할 필요 없다고, 강해져야 한다고 말할 수도 있다.

담임선생님이 무슨 말을 하든 내 입장에서는 담임선생님의 말이 내게 상처를 주었다는 사실만큼은 알렸다는 게 중요하다. 만약 담임선생님이 교실문을 닫다가 문 사이에 내 손이 끼었다면 그때도 이렇게 말해야 한다. 아무 일도 없

143

었다는 듯이 전혀 아프지 않은 척을 하는 것보다는 낫다.

앞으로 내가 두 번 이상 안 볼 사람이라면, 이를테면 마트의 계산원이라면 그 사람에게 반드시 내 감정을 알려야 할 필요는 없다. 하지만 날 비난하는 사람이 아버지거나 담임선생님이거나 정기적으로 만나게 될 사람이라면 그들의 말이 당신에게 영향을 준다는 점을 알리는 것이 중요하다. 그래야 이 비판가들이 조금이라도 나에게 도움이 되는 방식으로 비판할 것이다.

숀은 상담사와 상담을 한 후에 아버지와의 대화를 피하지 않기로 마음먹었다.

이 문제를 잘 생각해 봤고, 적어도 한 번쯤은 아버지에게 나에 대해 설명하고 싶었어요. 여동생과 두세 번 대화를 연습해 본 다음 아버지가 베란다에서 커피를 마시고 계실 때를 노렸어요. 먼저 곁에 앉아도 되냐고, 드릴 말씀이 있다고 말했고, 아버지는 좋다고 하셨어요.
먼저 숨을 크게 들이마시고 HSP가 뭔지 설명한 뒤, HSP로 살면서 어떤 점이 쉽고 어려운지 말씀드렸어요. 아버지에게 내가 무슨 말을 할 때마다 무시당한다고 느끼다 보니 더 이상 내 생활에 대해 말하고 싶지 않게 되었다고 했어요.
아버지는 나를 마치 머리가 두 개 달린 괴물처럼 빤히 바라보셨지만 그래도 내 말은 끝까지 들으셨어요. 그러고는 내가 말한 내용들이 허점이 빤히 보이니까 그에 따르는 문제를 미리 알려주고 도와주려고 했을 뿐이라고 했어요. 어색한 순간이었어요. 우리는 한동안 그렇게 앉아 있었고 아무 말도 하지 않았어요. 다음 날 내가 역사 과제 주제에 대해 말씀드리자 아버지가 이렇게 말했어요. "그거 재미있겠네." 아버지가 분명 노력하고 있다는 걸 알 수 있었지요.

짓궂은 유형의 사람들

짓궂은 유형의 사람은 단순히 농담을 좋아하는 사람일 수도 있고, 정말로 내 턱 밑에 여드름이 난 것인지 아니면 상처인 것인지 순수한 호기심으로 물어보았을 수도 있다. 급식 시간에 나에게 밥 먹을 때 입을 너무 크게 벌린다고 말한 친구도 나를 민망하게 하려는 의도는 아니었을 수 있다. 어떤 친구는 그저 내가 어떻게 반응하는지 보려고 불을 자꾸 껐다 켰다 하면서 혹시 이 정도 자극으로도 쓰러질 것 같냐고 물어볼 수 있다.

어쩌면 다른 친구들도 이런 스타일의 짓궂은 친구를 불쾌하다고 생각할 수 있겠지만, 예민한 사람들은 특히 더 부정적으로 받아들인다. 사소한 장난이라면 참아줄 수 있지만 이 사람이 의도적으로 놀리거나 당황하게 만들고 있다면 이야기가 달라진다. 이런 경우에는 어떻게 대응해야 할까? 그 사람이 어떤 사람이고 내가 여기에 얼마만큼의 에너지를 쓰고 싶은지에 따라 달라질 수 있다.

우선, 믿을 수 있는 사람과 터놓고 이야기해 보자. 학교 상담 교사일 수도 있고 내 개인 심리 상담사일 수도 있다. 부모님이나 친한 친구에게 이야기를 꺼내 어떻게 해야 할지 조언을 얻을 수도 있다. 그들에게 얻은 조언과 내 직감상 나에게 더 맞는 해결책을 조합한다.

짓궂은 유형 또한 도전적인 유형의 사람처럼 대해야 한다. 간결하고 직설적으로 그 행동은 받아들이기 힘드니 이제 그만했으면 좋겠다고 말하는 것이다. (이렇게 말해도 그 사람의 행동이 바로 바뀌지 않을 수는 있다. 하지만 적어도 나의 의견을 전달했으니 자존감은 높아졌을 것이다.)

그 사람을 무시할 수도 있다. 이런 식의 접근 방법이 효과를 보려면 전혀 신경 안 쓰이는 척 연기하는 것이다. 그렇다고 해서 그 사람을 투명 인간 취급하는 식의 극단적인 행동을 취하지는 않지만 나를 민망하게 하려는 그 사람의 행동은 중요하지도 않고 내가 고려해야 할 정도로 흥미롭지도 않다는 듯 내 할 일만 하는 것이다.

유머를 사용해 내가 신경 쓰고 있지 않다는 것을 보여주고 부정적인 감정과 멀어지는 것도 좋다. 불을 빠르게 켰다 끄면서 내가 어지러움을 호소하는지 확인하려는 친구에게는 웃으면서 이렇게 말하면 된다.

"네가 지금 어지러운 것 같은데?"

혹은 턱 밑에 난 여드름을 지적하면 무표정으로 이렇게 대답할 수도 있다.

"알아봐 줘서 고맙네."

짓궂은 친구와 학교 일진 사이에는 큰 차이가 있다. 가끔은 그 선이 희미할 때도 있어서 놀리는 것 또한 일종의 괴롭힘이 될 수도 있는데, 그 의도가 나를 수치스럽게 하거나 나에게 지배력을 행사하기 위해서라면 더욱 그럴 것이다. 그 사람의 의도가 악의적이거나 내가 고통받는 걸 보고 싶어 하는 것이라면 일종의 학교 폭력일 수도 있다.

교내에서 일어나는 일이라면 담임선생님이나 상

담 교사를 찾아가 상황을 설명하고 도움을 요청하자. 학교 밖에서 일어나는 일이라면 관계된 어른이나 부모님에게 말씀드려서 해결 방안을 찾아야 한다.

열정이 과도한 사람들

      열정적인 사람의 의도는 대체로 좋다. 그저 예민한 나를 웃게 만들고 싶어 하고 같이 시간을 재밌게 보내고 싶어 한다. 다만 이런 사람은 다양한 활동에 나를 참여시키길 원하고, 싫다는 대답을 거부한다. 이들은 내가 너무 내성적이고 수줍어한다고 생각하고 재미있는 사람들과 같이 어울리면 그 수줍음을 극복하고 더 즐거운 생활을 할 수 있을 것이라 생각한다.

      예민한 성향인 내가 수줍은 사람일 수도 있고 그렇지 않을 수도 있지만, 그렇다고 해도 이런 성격을 굳이 고치거나 극복할 필요는 없다! 여러 사람이 함께하는 활동에 참여하고 싶지 않다면 그럴 만한 충분한 이유가 있을 것이다.

      열다섯 살의 니콜라슨은 교회 중등부 모임에 나가고는 있지만, 사실 지난번 모임의 단체 게임 시간에는 몰래 빠져나와 화장실에 혼자 숨어 있었다.

      하이디가 나에게 다가오는 것을 보고 화장실로 잽싸게 도망갔어요. 하이디는 분명 나를 껍질 속에서 나오게 하고 싶다고 생각했겠지만 나는 음악 의자 놀이는 정말이지 하고 싶지 않았어요. 그 놀이가 진짜 싫기 때문이에요. 자기 자리를 차지하기 위해서 서로 밀치거나 밀려야 하다니! 둘 다 별로예요. 음악이 계속해서 들렸다 멈췄다 하는 것도 괴로워요. 정말이지 내 스타일의 게임이 아니에요.

하이디처럼 열정적인 사람들은 모든 사람들이 함께한다는 것 자체를 중시하고 어느 누구도 빠져선 안 된다고, 한 명도 따돌림을 당해선 안 된다고 생각한다. 하지만 그들이 이해하지 못하는 건 어떤 부류의 사람들, 대체로 HSP 성향의 사람들에게는 혼자 있거나 한쪽 구석에 앉아 있는 건 아무런 문제가 아니라는 점이다. 예민한 사람이 구석 자리를 선호하는 여러 이유가 있다. 소음, 큰 목소리, 혼란스러운 분위기, '진 사람'을 보며 놀리기, '이긴 사람'에게 환호하기, 게임에서 잘해야 한다는 압박, 모호한 게임 규칙 등이 모두 그들에게는 피하고 싶은 요소가 될 수 있다.

가끔 열정 과다형들은 HSP 성향의 사람들에게 게임에는 빠지더라도 다른 활동에는 참여할 것을 종용하기도 한다. 예를 들어, 노래방 가기, 롤러코스터 타기, 핼러윈에 유령의 집 가기, 레이저 태그 게임을 같이 하자고 한다.

한편으로는, 예민한 사람들이 함께 시간을 보내기 어렵다고 느낄 수 있는 여러 유형의 사람들 가운데 이런 열성적인 사람들이 오히려 나의 필요와 선호를 가장 잘 이해해 줄 가능성이 크다. 이들의 목표가 나의 안녕과 즐거움에 있기 때문이다. 즉, 이들은 이미 내가 어떻게 느끼는지를 중요하게 생각하고 신경 쓰고 있다는 것이다. 사람들하고 같이 어울리지 않고 혼자 있는 편이 더 행복하다는 내 말을 수긍하기 어려워할 수는 있지만 그래도 결국 믿어주고 나의 선호도를 확실하게 설명한 다음부터는 더 이상 설득하려고 들지 않을 것이다.

　　　나를 위해 노력해 주는 그들에게 고맙다고 표현하자. 나를 위해 노력했지만 실패했다고 생각하면 그들도 상처를 받거나 실망할 수도 있으니까.

왜 어떤 사람들은 같이 있기 힘들까?

그 사람들이 특별히 거슬리는 사람들이라서가 아니다. 우리 또한 그렇게 까다로운 사람이 아니다. 다만 모든 사람의 기질과 성격이 다를 뿐이다. 그 사람들이 자라온 집안 분위기와 원칙이 달랐을 것이고, 무엇이 재미있고 그렇지 않은지에 대한 생각도 달랐을 것이다.

가족과 집안 분위기에 관해 말하자면, 우리 각자도 각자의 가족이 가장 익숙하고 각자의 집이 가장 친근하기 때문에 친구 집이나 여행지 숙소보다는 자신의 집에 있을 때 확실히 더 편하다. 그렇다면 다른 사람의 집에서 하룻밤 자거나 낯선 장소로 여행을 가면 어떨까? 다음 장에서는 이 질문을 중심으로 집이 아닌 다른 장소에서 적응하는 방법에 대해서 이야기해 보자.

CHAPTER 8
낯선 환경에서
예민함 다스리기

집은 나에게 가장 익숙하기 때문에 편안하게 느껴지는 장소일 가능성이 높다. 내 물건들이 있는 곳이고 잠옷을 입고 편하게 돌아다닐 수 있는 곳이며 내 별난 습관과 버릇을 다 아는 가족이 함께 생활하는 곳이다. 같이 쓰건 혼자 쓰건 나의 방이 있고, 내 침대에서 내 베개를 베고 나에게 적당한 온도에서 잠을 잔다. 그래서 집이란 공간이 완벽하지는 않더라도 세상에서 가장 편안한 나만의 쉼터가 되는 것이다. 특히 예민한 기질의 사람에게는 그럴 것이다.

이제까지 살면서 당연히 이웃 동네를 수없이 돌아다녔을 것이고 학교에 가고 쇼핑을 하러 가고 학원에 가고 친구들과 약속을 잡아 만났을 것이다. 그러다가도 저녁이 되면 언제나 집에 들어왔을 것이다. 집이란 나의 홈베이스(본부)다. 그러나 청소년기에는 나의 홈베이스에서 다소 먼 곳에 가서 장시간을 지내야 하는 일도 있다.

친구 집에서 하룻밤 자고 올 때

처음 다른 사람의 집에서 자고 온 날을 기억하는 가? 아마 친구 집에 하룻밤 자러 갔을 때 우리 집과의 다른 점들을 알아챘을 것이다. 가구도 다르고 냉장고에 있는 음식들도 다르고 반려동물도 다르다.

다른 가족이 서로에게 어떻게 말하고 집안일은 어떤 방식으로 나누어서 하는지를 보면서 그 분위기에 적응하기가 쉽지 않다고 생각했을 수도 있다. 그 가족의 아침 식사 풍경을 보고 깜짝 놀랐을 수도 있다. 잠옷이나 욕실 가운을 입은 채로 아일랜드 식탁 앞에 서서 아침을 먹으며 그날 하루 각자의 스케줄을 편하게 이야기하는 집도 있고, 외출복으로 갈아입고 식탁에 앉아 아침 식사를 정석으로 하는 가정도 있다. 토요일 아침에는 서로 별말 없이 각자 먹고 싶은 음식을 자유롭게 먹는가? 혹시 부엌에 걸린 커다란 화이트보드에 가족들의 주말 계획을 자세히 써놓는 집은 아닐까?

집이 아닌 곳에서 밤늦게까지, 혹은 하룻밤 정도 자고 오기 시작할 때부터 다른 가정에는 다른 생활 방식이 있고 나도 거기 머무는 동안 그 집의 규칙에 맞추어야 한다는 사실을 배우게 된다. 하지만 이 일이 언제나 쉽게 이루어지는 건 아니다.

열일곱 살의 파울리나는 중학교 때 처음으로 가장 친한 친구 집에 자러 갔는데, 거의 불안 발작을 일으킬 뻔했다고 한다.

솔직히 말하면 나에게는 너무 이상한 경험이었어요. 친구네 가족은 텔레비전이 있는 거실에 앉아서 탁자에 음식을 놓고 저녁을 먹었어요. 우리 집에서는 항상 식탁에서 저녁을 먹는 편이라 그런 건 생소했어요. 친구의 엄마는 식사를 하면서 텔레비전 보는 걸 허락했고 텔레비전 볼륨은 상당히 크게 켜져 있었어요. 또 스마트폰을 보면서 식사를 해도 상관없었어요. 저녁을 먹은 다음에는 내 친구와 남동생이 싸우기 시작하는 거예요. 점점 심해지더니 급기야는 동생들이 신발을 벗고 서로에게 던지기 시작했고, 나중에는 친구의 아빠가 화가 나서 아이들에게 욕을 하기 시작했어요. 너무너무 불편했어요. 하지만 밤이 되자 그 집은 마치 아무 일도 일어나지 않은 듯 평화로워졌어요.

HSP에게 친구의 집에서 하룻밤 자거나 하루 종일 그 집에 있는 것은 쉽지 않은 체험이다. 하지만 미리 어떤 상황이 펼쳐질지 알고 있으면 도움이 될 수 있다. 친구가 자기의 집에서 하룻밤을 같이 자자고 제안했고, 내가 그 초대에 응했을 때는 머릿속으로 생각해 두어야 할 것들이 있다.

모든 가정은 그들만의 독특한 분위기와 방식이 있으며 이는 하나의 고유한 문화나 국가라고도 할 수 있다. 처음 어떤 집에 갔을 때는 낯선 환경에 당황할 수도 있고 잘 알지 못하는 사람들과 한 공간에 가까이 있어서 불편할 수 있다. 친구의 가족을 전부터 알았을 수도 있지만 오며 가며 인사를 한 것과 그들과 한 집에 장시간 같이 있는 건 다르다.

그 집이 우리 집보다 훨씬 더 체계와 질서가 잡혀 있거나 그렇지 않을 수도 있다. 예를 들어 나의 부모님은 늘 목록을 작성하고, 계획을 세우고, 정해진 시간에 식사를 하고, 언제나 마쳐야 할 임무가 있다. 아니면 우리 집에는 자유 시간이 많고, 내가 맡은 집안일은 내가 하고 싶거나 시간이 있을 때 해도 된다. 다른 재미있는 일이 생기면 기존에 세웠던 계획은 다음으로 미루어도 되고, 집에 들어오고 나가는 것도 내 마음대로 할 수 있다.

친구네 집이 내가 원하는 것보다 더 춥거나 더울 수가 있다. 친구나 친구의 부모님에게 실내 온도를 높이거나 낮춰 달라고 부탁하는 것도 가능하지만 그 가족에게 실내 온도의 변화가 괜찮을지도 생각해 보자. 먼저 친구에게 온도 조절이 가능한지, 불편하지는 않는지 물어보는 것이 좋다. 아니면 그 집에 있는 길지 않은 시간 동안은 내가 참을 수도 있다.

이제까지 한 번도 먹어본 적이 없는 음식이나 그다지 좋아하지 않는 음식이 식사로 나올 수도 있다. 알레르기가 있는 음식이 아니라면 준비해 준 음식을 적어도 한 입 정도는 먹어보는 편이 좋다. 친구의 부모님이 좋아하는 음식과 싫어하는 음식에 내게 물어볼 수도 있는데 만약 그렇다면 솔직히 대답하자. 매운 음식을 먹고 배앓이를 한 경험이 있다고 말한 뒤 매운 음식을 주시면 많이 먹지 못할 수도 있다고 미리 양해를 구한다. 식사를 하는 도중에 어떤 이유로든 다 먹을 수 없을 것 같다면 그렇다고 말을 하는 것이 좋다. 대체로 사람들은 입맛이 예민한 사람들을 잘 이해해 준다. 그저 그분들이 자신들의 요리가 형편없다고 생각하지만 않으면 된다.

취침 시간이 되고 손님방이나 친구의 방(자신이 그날 밤 자는 방)에 들어갔을 때 그 집은 우리 집보다 더 환하게 불(거실등, 욕실등, 수면등)을 켜놓는다는 것을 알았을 수도 있다. 아니면 집이 전체적으로 더 어두울 수도 있다. 이런 선호도는 친구에게 미리 이야기해 두는 편이 좋다. 만약 그 집이 내가 편안하게 느끼는 것보다 더 어둡다면 내가 자는 침대맡에 작은 조명등을 켜둘 수도 있다. 생각보다 너무 밝다면 밝기를 좀 줄여주거나 내가 자는 방의 불을 꺼달라고 부탁할 수도 있다.

친구 가정의 문화가 어떻든 그 친구나 친구의 부모님에게 그날 어떤 계획이 있는지, 혹은 내가 무엇을 해야 할지 모를 때 직접 물어볼 수 있다. 다음은 해도 좋은 질문들이다.

"혹시 아스피린 있나요?"
(머리나 배가 아플 때 내가 집에서 복용하는 일반 의약품에 대해서는 물어봐도 괜찮다.)
"저녁은 몇 시에 먹나요?" / "저녁 먹을 준비는 언제쯤 하면 될까요?" / "저녁은 대체로 언제쯤 드시는 편이세요?"
(가족의 스타일에 맞는 버전을 사용해 보자.)
"이불 하나 더 있나요?"
"이 영화 말고 다른 영화 봐도 될까요? 공포 영화 보면 며칠 동안 잠을 못 자거든요."

파울리나는 중학교 때 친구 집에서 여러 밤을 자보면서 다른 가족 문화에도 적응하는 법을 알게 되었다고 한다.

친구 집에서 자본 경험이 나에게 큰 도움이 된 것 같아요. 그래서 고등학교 때는 합창단 캠프에 가는 것도 두렵지 않았어요. 일주일 동안 서른 명과 함께 보냈는데 무리 없이 지낼 수가 있었어요. 사람들의 소란스러운 행동이나 내 사생활이 없는 것에도 익숙해졌거든요. 캠프가 끝나고 내 집, 내 방에 오니 정말 좋았지만 그래도 다른 친구들과 함께 이도 닦았고, 친구들이 새벽까지 속닥거리는 것도 참을 수 있었어요. 이제 나도 이런 상황을 다룰 준비가 된 것 같아요.

친구의 가족들과 여행 갈 때

이 상황은 친구 집에서 하룻밤 자는 것과 매우 비슷하지만, 대개 몇 박 며칠 동안 이어지는 데다 여행지라는 특성 때문에 예민한 사람에게는 쉽지 않은 도전 과제가 될 수 있다. 자동차 여행이든 비행기 여행이든 캠핑카 여행이든 기차 여행이든 미리 준비해야 할 사항이 있다.

자동차 여행

자동차 실내가 넓을 수도 있지만 나와 나의 친구, 친구의 형제자매, 또는 그 집의 커다란 개가 한 차를 타게 될 수도 있다. 사람이 많은 차에 타기 전에는 이어폰을 준비해 놓고 스마트폰은 충전시켜 놓는 것이 좋다. 생수나 간식도 준비하고 가능한 한 좋은 기분으로 가겠다는 마음을 갖자.

물리적으로 너무 불편해서 더 이상 참기 힘들다면 정확하게 무엇이 나를 가장 불편하게 하는지 생각해 보자. 친구나 부모님에게 불편하다고 말하는 것도 좋지만 되도록 구체적으로 어떤 점이 불편한지를 말하는 편이 좋다. 예를 들어 문제가 차의 온도인가(너무 덥거나 너무 추울 때), 혹은 뒷자리에 끼어 있어서 힘든가, 음악 소리가 너무 큰가, 아니면 창문으로 햇살이 너무 강하게 들어오는가…. 이런 문제들은 가는 도중 휴게소나 주유소에 들렀을 때 차 밖으로 잠깐 나와서 걷거나 화장실에 다녀오면 괜찮아지는 경우가 많다.

멀미가 나는 편이라면 만일의 경우를 대비해 부모님에게 미리 멀미약을 준비해 달라고 말한다.

마지막으로, 여정을 미리 검색하여 목적지까지 몇 시간이 걸리는지 알아두자. 차 안에서 대략 얼마나 오랜 시간을 보내야 하는지 파악할 수 있다. 그렇게 하면 계속 얼마 남았는지 궁금해하거나 "아직 멀었어요?" 같은 질문을 하지 않을 수 있다.

비행기 여행

가족들과 비행기 여행을 해본 적이 있다면 공항에서 어떤 절차를 거치는지 알고 있을 것이다. 수하물을 위탁하고 보안 검색대를 통과하고 탑승 게이트 앞에서 기다린다. 비행기에 탑승하고, 비행기 좌석에 앉아 시간을 보내고, 착륙할 때까지 기다리는 과정 자체가 익숙할 수도 있다.

비행기 여행을 한 번도 해보지 않았고 이번 친구 가족과의 여행이 처음이라면 부모님에게 미리 어떤 점을 예상하고 준비할지 자세히 설명해 달라고 하자. 부모님은 여행 시에 내가 감각적으로 예민해지고 감정적으로 불안해할 수도 있다는 것을 알고 있다. 그러니 미리 걱정되는 것을 부모님에게 털어놓고 어떤 준비를 해야 하는지 물어봐야 한다. 미리 불안 목록을 작성해 두면 여행에 대해 조금은 마음이 놓일 수도 있다.

친구 가족은 이륙 두 시간 전에 공항에 나와 있을 것이다. 가급적 나도 그 시간에는 맞춰 도착하는 게 좋다.

공항은 원래 사람이 많지만 특히 보안 검색대를 통과할 때 앞뒤로 줄 선 사람들이 매우 많을 수 있다. 너무 버겁다고 느껴질 수도 있고 심리적으로도 불편할 수도 있다. 인파에 짓눌리거나 혹은 큰 무리 없이 모든 과정을 잘 헤쳐갈 수도 있다. 어떤 경우든 다양한 연령대와 배경을 가진 많은 사람들을 보게 될 거라는 점은 미리 생각해 두는 게 좋다.

일단 비행기에 오르면 이어폰을 귀에 꽂고 음악을 듣거나 팟캐스트를 들어도 좋다. 잠을 자도 된다. 어떤 비행기에서는 영화를 볼 수도 있다.

비행기 화장실을 이용하기가 꺼려질 수도 있지만 장시간 비행을 한다면 다들 대체로 한두 번은 일어나서 화장실에 간다. 따라서 사람들이 나를 쳐다보거나 왜 일어나는지 궁금해할 것이라고는 생각하지 말자. 화장실은 이제까지 봤던 다른 집이나 학교나 식당 화장실과는 완전히 다를 것이다. 비행기 화장실은 너무나 좁고 겨우 한 사람만 들어가고 그 안에서 움직이기도 힘들다. 그래도 그 안에서는 혼자 있을 수 있고 문도 잠긴다.

만약 비행기에서 심각한 수준으로 불안해진다면 친구에게 이야기하자. 중요한 건 이 사실을 나나 내 친구가 친구 부모님에게 알리는 것이다.

호텔 같은 숙소에서 친구 가족과 지내기

친구의 가족과 친구 집에서 지내는 것과 크게 다르지 않지만, 여행 숙소는 내가 다시 익숙해져야 할 새로운 공간이다. 친구 집에 갔을 때처럼 이불 하나가 더 필요할 수도 있고 조명이 너무 환하거나 어두울 수도 있고 실내 온도가 나에게 안 맞을 수도 있지만 여행 전에 미리 계획을 세우고 나를 더 편안하게 하는 아이템들을 준비하자. 자는 방이 더울 경우를 대비해 작은 여행용 선풍기를 가져갈 수도 있다.

내가 선호하지 않는 방과 선호하지 않는 침대에서 자게 될 경우를 미리 상상해 보고 마음속으로 대비하자. 만약 그 생각만 해도 혼란스러운 감정이 밀려온다면 머릿속으로 연습을 해보자. 여행 중에 그 감정 때문에 힘들 가능성이 줄어들 것이다. 마음 안정 키트를 가져가자!

합숙 캠프에 참가했을 때

이전에 합숙을 경험해 보았다면 합숙하며 만날 수 있는 여러 가지 상황에 익숙하고 대처법을 익혔을 수도 있다. 하지만 일주일 이상 숙박을 해야 하는 여름 캠프에는 한 번도 가보지 않았거나 부모님 없이 가는 게 처음이라면 그곳에서 무엇을 할지 예상하고 문제를 어떻게 해결해야 할지 알아두어야 더 나은 시간을 보낼 수 있을 것이다.

캠프장에는 나만의 사적인 공간이 별로 없다. 아마도 숙소에서 먹고 자면서 대부분의 시간을 보내게 될 텐데, 숙소가 싱글 침대 몇 개가 있는 오두막형 숙소일 수도 있고, 때로는 군대 막사 같은 곳에서 열 명 이상이 함께 자야 할 수도 있다. 2층 침대가 여럿 놓인 방일 수도 있다.

캠프는 친구를 사귀기에는 최적의 장소다. 나와 나이가 비슷한 십대들과 많은 시간을 부대끼며 보낸다. 이것은 사생활 보장이 제한된 공간의 장점이기도 하다. 혼자 틀어박혀 있기 어렵기 때문에 자연스럽게 다른 친구들과 가까워지고 친해질 가능성이 높다.

혼자만의 시간이나 조용한 환경에 익숙하다면, 캠프 생활에 적응하는 데 어려움을 느낄 수도 있다. 하지만 그렇다고 해서 이런 종류의 캠프에 절대 적응하지 못하는 사람이라는 뜻은 아니다.

캠프장에는 모기나 날벌레 같은 벌레들이 많다. 모기향을 가져가면 도움이 된다. 첫 며칠은 집이 그립고 집에 가고 싶어질지도 모른다. 충분히 그럴 수 있다. 처음 가는 산이나 지방의 낯선 장소에 있다 하더라도 조금만 버텨 보자. 기분이 서서히 변화하기 시작할 것이다. 낯선 환경에서는 두뇌가 불안을 자극하는 것이 지극히 정상이다. 우리의 두뇌가 지금 위험한 상황이 아니라고 판단하면 그 불안은 서서히 잦아든다.

한 장소에 너무 많은 사람들이 모여 있으면 갈등이 일어날 수도 있고 사람들 사이에서 크고 작은 사건이 생길 수도 있다. 앞장에서 살펴본 여러 유형의 사람들을 만날 수도 있다. 특히 짓궂은 유형이나 열정 과다형을 만나게 될 수도 있다. 일부 친구들과는 잘 지내기 어렵다고 느낄 수도 있고 친구들 간의 갈등 상황에 원치 않게 엮일 수도 있다. 이때 잠깐 빠지기 전략을 사용하자. 캠프 담당 교사나 주변 어른들에게 자신의 상황을 조심스럽게 말해도 좋다.

마음 안정 키트를 가져가서 사용할 수 있는 또 한 번의 기회다!

몇 시간 동안 학교에서 대절한 버스를 타고 다른 지역으로 여행 가는 건 어떨까? 재미있을까? 당연하다! 버스 좌석이 좁고 불편하며 혼자 있을 수 없기 때문에 조금 힘들 수도 있을까? 당연하다! 하지만 그럼에도 그 여행을 즐기고 행사에 즐겁게 참여할 수 있다.

몇 시간 동안 차를 타고 가야 하는지 미리 알면 도움이 된다. 중간에 휴게소를 몇 번 들르는지 알아봐도 좋다. 또 버스 여행을 조금 더 즐겁게 만들어줄 아이템들을 가져가자. 마음 안정 키트 외에도 물병, 간식, 편한 목베개, 귀마개, 노이즈 캔슬링 헤드폰, 읽을 책, 선글라스 등을 가져가면 좋다.

여행 내내 가장 친한 친구와 나란히 앉아서 갈 수도 있지만, 그렇지 않더라도 그 상황을 최대한 좋게 받아들이려고 하는 게 도움이 될 것이다.

1박 이상의 여행이라면 친구 가족과 호텔이나 숙소에서 보낼 때의 가이드라인을 참고하기 바란다. 미리 예상하고 준비해서 가기, 가능한 한 긍정적인 마음가짐으로 임하기, 실망스러운 상황에 대처하는 법을 미리 연습하기, 그리고 심각한 문제 상황일 경우 어른들에게 말하기!

대학교 진학을 위해 집을 떠날 때

대학교 진학 시기가 되었다면 아마 그전에 집에서 살면서 가까운 대학에 다닐지, 혹은 먼 대학교에 진학해 캠퍼스 내 기숙사에 살지, 아니면 따로 집을 구해서 살게 될지 결정했을 것이다. 집과 먼 대학 캠퍼스를 선택해 그 지역에서 살아보는 건 분명 새롭고도 보람 있는 경험이 될 것이다. 그렇지만 예민한 사람들에게는 적응해야 할 요소들이 적지 않을 수도 있다.

대학에 입학하고 학교 캠퍼스 근처에서 사는 몇 주 동안은 당연히 집을 그리워하는 향수병에 걸릴 수 있다. 대학 입학과 캠퍼스 생활은 설레고 들뜨는 일이지만 너무나 다르고 새로운 환경에 한꺼번에 노출되면서 압도당하는 기분이 들 수도 있다. 나도 새로운 공간에서 살고, 내가 사는 공간에 새로운 사람들이 들어와 산다. 새로운 도시와도 친해져야 하고 새 친구들도 만들어야 한다. 새로운 학업 환경이 있고 기대 수준도 다르다. 이곳에서 요구하는 행동 양식도 다를 것이고, 식사도 이제까지와 다르게 할 것이며, 잠자리 환경도 완전히 달라질 것이다. 이 모든 것 앞에서 흥분되고 신나면서도, 이 모든 것 앞에서 불안해지기도 한다. 무언가 말하기 힘든 불안하고 불편한 감정이 불쑥불쑥 올라오기도 한다. 하지만 한 주, 두 주 지날수록 향수병의 증상도 서서히 약해지기 마련이니 잘 버티면서 서서히 나아지는 과정을 즐겨보자.

일반 기숙사에 살게 된다면 룸메이트와 같이 방을 쓸 가능성이 높고 아마도 기숙사 생활관에서는 스무 명 남

짓의 사람들과 공동 샤워실과 화장실을 같이 쓰게 될 수도 있다. 만약 형제자매와 같이 방을 써본 적이 있는 사람이라면 누군가와 같은 방을 쓰는 것이 어떤 느낌인지 이미 알 것이다. 만약 기숙사가 아닌 다른 숙소를 구해서 살게 된다면 나만의 방이 있고 나만의 욕실이 있을지도 모른다. 두세 명의 하우스 메이트와 부엌과 거실을 공유하게 될 수도 있다.

기숙사 룸메이트와 생활하는 건 대학교 캠퍼스 경험에서 가장 중요한 부분이며 가장 재미있는 경험이 될 수 있다. 한 명의 룸메이트 혹은 룸메이트들 모두 그들만의 취향이 있고 호불호가 있을 것이며, 나와 다른 습관이 있을 것이다. 알고 보니 룸메이트 또한 나처럼 HSP일 수도 있다!

대학 1학년생들 중에는 친한 친구와 같은 대학을 진학하고 같이 방을 쓰기로 했을 수 있다. 하지만 두 사람이 이미 아는 사이라고 해도 같이 지내다 보면 예상외로 부딪히는 점들이 있을 것이다. 고향 친구나 같은 학교 친구라 해도 같이 사는 건 완전히 다른 문제다.

이때 중요한 질문을 해보자. 현재 나의 룸메이트나 미래의 룸메이트에게 나의 고도 민감성에 대해서 털어놓아야 할까? 이제까지는 혼자 간직하고 있는 경우가 많았고 다른 사람과의 친밀함 정도나 상황에 따라서 공유하거나, 하지 않았다. 하지만 지금은 어떨까? 같이 생활하게 될 사람에게도 말할지 말지 고민이 되는가? 그렇다면 말하는 것이 좋다. 그 사람에게 HSP가 무엇인지부터 알리고 나의 개인적인 성향에 대해 차근차근 자세히 설명해야 할 수도 있다. 나에게 무엇이 필요하고, 어떤 방식을 싫어하는지 예를 들어 설명한다면 룸메이트와 함께 살기에 대해 솔직한 대화를 나누게 될 것이다. 룸메이트 또한 특별한 요구 사항이 있고 호불호가 있을 수도 있다.

　　　만약 나의 성향과 기질상 혼자 사는 것이 더 적합하다고 느껴진다면 대학 측에 그렇게 요구해도 될까? 그럴 수도 있고 아닐 수도 있다. 어떤 경우에는 학생의 요청에 따라 1인실을 배당해 주고 혼자 지낼 수 있게 해준다. 기숙사 규정에 따라 다를 수 있으니 관심이 있다면 문의를 해봐도 된다. 하지만 여러 가지 면에서 대학 1학년생, 특히 HSP가 있는 사람이라면 다른 사람들과 함께 지내는 법을 터득하면서 더 나아질 수 있는 기회를 받아들여 보자.

CHAPTER 9
또 다른 유형의
특별한 민감자들

우리는 HSP의 두뇌가 일반적인 사람들과는 다르게 작동한다는 것을 알고 있다. 그렇다면 HSP의 민감성을 다른 유형의 비전형적 두뇌를 가진 사람들과도 연결시켜 비교해 볼 수 있을까? 매우 적절한 질문이자 많은 사람이 궁금해하는 주제이기도 하다.

"혹시 HSP가 ○○○에 속하나요?"

이런 식의 질문에서 가장 자주 등장하는 몇 가지 특별한 유형에 대해 알아보자.

자폐 스펙트럼 장애

HSP의 기질과 자폐 기질 사이에 겹치는 부분은 있지만 두 가지가 같은 개념은 아니다. 고도 민감성은 하나의 기질이고 타고난 생물학적 행동 특성으로, 한 사람의 독특한 반응 양식이자 성향이라 할 수 있다. 그러나 자폐는 단순한 기질 이상의 개념이다. 정식 명칭으로는 자폐 스펙트럼 장애(ASD, Autism Spectrum Disorder)라 하며, 신경발달 장애(neurodevelopmental disorder)로 분류한다. 사회적 의사소통의 어려움, 제한된 관심사, 반복적인 행동 등을 동반한다(American Psychiatric Association, 2013). 자폐는 일상생활의 여러 영역에 영향을 미치는데, 학교에서 개별화 교육 계획(IEP) 같은 지원이 필요하고, 직장에서도 배려와 조율이 필요하다.

HSP와 자폐 스펙트럼 장애를 비교하면 다음과 같은 공통점과 차이점이 있다.

먼저 HSP와 자폐는 둘 다 생물학적인 행동 특성을 기반으로 하는 특성인데, 자폐는 진단이 가능한 장애이며, 일상 기능의 전반에 영향을 미친다. HSP는 전체 인구의 최대 20퍼센트 정도에서 나타나는 일반적인 기질인 반면 자폐는 전체 인구의 약 2~3퍼센트에서 진단된다. 이러한 차이는 당연하다고 할 수 있는데, HSP는 하나의 기질로서 반드시 진단이 필요한 장애가 아니기 때문이다.

HSP와 자폐는 둘 다 강한 감정에 쉽게 압도될 수 있고, 자신이 감당할 수 있는 정서적 강도에 한계가 있다고 느끼는 경우가 많다.

자폐는 몸짓 언어와 표정을 읽는 데 어려움을 겪고, 이런 것들을 다르게 해석하기도 한다. 반면 HSP는 사회적 행동을 이해하는 데에는 크게 어려움을 겪지 않는다.

HSP와 자폐, 둘 다 소리, 질감, 조명, 냄새에 쉽게 압도당할 수가 있다. 스트레스가 많은 환경은 너무 과하게 느껴지고, 감각이 과부하되면 격한 반응을 보이기도 하며, 눈에 띄게 불안해하거나 예민해지기도 한다. 이때 HSP는 감각적 자극이 지나치게 높은 환경에서 벗어나기만 하면 정서적·신체적으로 회복되고 어렵지 않게 재충전이 되지만, 자폐는 회복하기 위해서 추가적인 지원이 필요하고 감각에 압도되었을 때 더 복잡한 반응을 보이기도 한다.

HSP와 자폐는 둘 다 다른 사람들이 쉽게 놓치는, 주변에서 일어나는 미세한 변화를 알아챈다는 면에서도 닮았다. 자폐 스펙트럼에 속한 사람은 이 미세한 자극에 조금 더 오래 집중하는 반면 HSP는 이 자극을 인식한 뒤에는 다음 자극으로 빠르게 넘어가는 경향이 있다.

HSP나 자폐를 가진 사람의 뇌는 일반적인 사람들과는 작동 방식이 다르다. 뇌 영상 연구에 따르면 HSP는 정보를 깊이 있게 처리하는 뇌 영역의 활동이 보통 사람보다 더 활발하게 나타나는 편이라고 한다. 다시 말하자면 HSP는 다섯 가지 감각을 통해 들어오는 정보를 다른 사람보다 더 깊게, 천천히 처리한다는 뜻이다. 뇌 영상에서는 자폐를 가진 사람의 뇌 역시 정보를 깊이 처리하고, 다섯 가지 감각을 통해 한꺼번에 훨씬 더 많은 정보가 들어왔다고 한다(Patil and Kaple, 2023).

HSP와 자폐 스펙트럼 사이에 겹치는 정도에 대해서는 연구자들마다 의견이 조금씩 다르다. 두 특성의 유사점과 차이점을 보다 명확히 이해하기 위한 다양한 연구가 지금도 활발히 진행 중이다.

정리하자면, 자폐 스펙트럼 장애와 HSP는 서로 다른 신경학적 특성이고 일부의 유사점은 있지만 핵심적인 차이가 존재한다. 만약 본인이 자폐 스펙트럼인지 확인하고 싶다면 의료 기관에서 정식 검사를 받아보는 것이 좋다.

편식과 회피·제한적 음식섭취장애

자극적인 맛 또는 어떤 식감에 너무 예민하거나 혹은 내 앞의 접시에 놓인 음식의 형태나 느낌이 좋지 않아 먹을 수가 없다면 아마 아기 의자에 앉아 있을 때부터 편식이 심하다거나 식성이 까다롭다는 말을 들었을 가능성이 높다.

까다로운 식습관은 HSP에게 흔히 나타나는 특징이지만 때로는 이 까다로움이 일반적인 수준을 넘어설 때도 있다. 일부 음식을 제외한 거의 모든 음식에 강한 거부 반응을 보이며 그 음식의 질감, 색깔, 냄새가 자신에게 딱 맞아야만 먹을 수 있다.

만약 아이의 (혹은 어른의) 식단이 지나치게 제한되고 어떤 음식의 경우 한두 입만 먹어도 구역질이 날 정도로 거부감을 느낀다면 이러한 극단적인 식성은 단순한 편식이 아니라 회피·제한적 음식섭취장애(ARFID, Avoidant/Restrictive Food Intake Disorder)일 수 있다. 이는 음식 섭취를 거부하거나 먹을 수 있는 음식의 종류를 매우 제한적으로 유지하는 특성을 가진다.

회피·제한적 음식섭취장애는 2013년 DSO-5(미국 정신질환 진단 및 통계 편람 제5판)에 공식적으로 추가되면서 의사와 심리학자들이 섭식장애(Eating Disorder)의 한 형태로 다루기 시작했다. 이 장애가 있는 사람의 경우 먹을 수 있는 음식의 종류가 매우 제한되어 있고 때로는 음식 자체에 관심이 거의 없거나 먹는 것을 싫어하거나 두려워하기도 한다. 때로는 음식을 삼키는 행위에 대한 두려움도 있다. 이런 증상이 심하면 식이장애까지 가는데, 이 증상은 일상생활을 방해하고 건강에도 해를 끼친다.

내가 고도로 민감하고 음식의 맛, 모양, 냄새 때문에 너무나 많은 종류의 음식에 "먹고 싶지 않다"고 말한다면, 그건 내가 회피·제한적 음식섭취장애란 뜻일까? 단순히 식성이 까다로운 것을 넘어 위에서 언급한 증상들이 수반되지 않는다면 아닐 것이다.

열세 살의 벨라는 담당 의사에게 회피·제한적 음식섭취장애일지도 모른다는 말을 들었을 때 깜짝 놀랐다.

엄마는 의사 선생님에게 내가 편식이 심하다고 말씀드렸어요. 의사 선생님은 내가 어쩌면 회피·제한적 음식섭취장애일지도 모른다고 했죠. 그 말을 듣고 매우 혼란스러웠어요. 집에 돌아와서 엄마에게 사실 나는 음식이 좋고 먹는 걸 즐기는 편인데 그저 맵고 뜨거운 음식이 싫을 뿐이라고 말했어요. 우리는 다시 병원에 가서 의사 선생님과 이야기를 나누었고, 같이 회피·제한적 음식섭취장애 증상 목록을 살펴보았어요. 의사 선생님은 내가 회피·제한적 음식섭취장애는 아니지만 HSP일 가능성은 있다고 판단했어요.

혹시 자신이 회피·제한적 음식섭취장애일지도 모른다는 생각이 든다면 부모님과 상의하고 의사한테도 상담을 받아보는 것이 좋다.

강한 자극 추구 성향

　　HSP 분야의 선구자이자 전문가인 일레인 아론 박사는 모든 HSP가 감각을 통해 들어오는 강렬한 자극을 회피하는 것은 아니라고 했다. 연구를 하면서 일부 HSP는 강한 자극을 추구하는 성향(HSS, High Sensation Seeking)을 보인다는 것을 알게 된 것이다. 이들은 일상적이고 반복적인 경험보다 새롭고 흥미로운 경험을 즐긴다. 자극 추구형은 자극을 줄이기보다는 강한 자극을 경험하고 싶어 하고, 이를 위해 새로운 음악, 예술, 영화, 냄새, 맛을 의도적으로 찾아다닌다.

　　그렇다면 자극을 줄이기보다는 더 많은 자극을 원하는 사람을 어떻게 HSP라고 할 수 있을까? 이들은 HSS이면서 동시에 HSP일 수 있다. 환경에 민감하고 환경으로부터 들어오는 감각을 처리하는 방식에서도 민감하지만, 행동으로 옮기기 전에 먼저 생각하고 숙고할 수만 있다면 새롭고 다양한 경험을 즐기고 강한 감각을 원하기도 하기 때문이다.

　　아론 박사의 이론에 따르면 강한 자극 추구 성향은 다음과 같은 성향을 가진 사람들이다.

- 지루함을 매우 싫어하거나 두려워한다.
- 어떤 일이 일어날 때까지 가만히 앉아서 기다리는 것을 싫어한다.
- 주말에 하루 종일 집에 있는 것을 싫어한다.
- 새로운 장소를 탐험하는 것을 즐긴다.
- 새로운 경험을 위해서라면 일상의 루틴을 깨는 것도 좋다.

열일곱 살의 니나, 열다섯 살의 노라 자매는 둘 다 HSP라는 사실을 알아차렸지만 서로 다른 유형임을 깨달았다. 니나는 HSP 테스트에서 100점이 넘는 점수가 나왔고, 그 테스트에서 나온 대부분의 행동 특성이 자신과 비슷하다고 생각했다.

HSP가 바로 나라고 생각했어요. 나는 거의 매일 '너무 과한 것들'로부터 도망가려고 하는 편이에요. 학교가 끝나자마자 집에 오고 바로 내 방으로 직행해요. 내 방은 조용해요. 아빠가 내 방의 조명을 바꾸어주어서 훨씬 조도가 낮아졌어요. 스마트폰도 끄고 침대맡에 등을 기대고 앉아요. 친구들과의 수다도 조금 뒤로 미루어둬요. 나중에 문자를 확인해도 충분해요. 여전히 친구들은 그 안에서 계속 떠들고 있을 테니까요.

하지만 노라는 니나의 이야기를 듣자마자 지루하고 하품이 난다고 말한다.

언니는 기본적으로 모든 것에서 숨어버리는 것 같아요. 인생에서조차 도망쳐 숨어 있는 건 아닐까요? 생각만 해도 지루해서 하품이 나고, 나는 그렇게 못 살아요. 나도 언니처럼 예민한 사람이지만 하루 종일 방에서 요가나 하면서 지낼 순 없어요. 친구들을 만나서 놀아야 한다고요. 내가 추구하는 재미라는 것이 꼭 파티를 하는 건 아니에요. 공원에 있으면서 가장 친한 친구와 함께 있다는 걸 느끼는 그런 재미에 가깝죠. 나는 아주, 아주 강하게 살아 있음을 느끼는 그 감각을 좋아해요.

노라에게 자신이 예민한 편이라고 생각하는지를 물어보자 즉각 그렇다고 답을 했다.

확실히 그래요. 모두가 나에게 너무 예민하다고 말하는걸요. 난 시시한 광고를 보면서도 울고, 슬픈 음악을 들으면서도 울어요. 슬픈 음악이 좋아요. 음, 어쩌면 우는 걸 좋아하는 걸지도 몰라요. 설명하기 힘드네요. 언니와 비슷한 점도 많아요. 색상 조합에 신경을 많이 쓰고 벽에는 내가 원하는 그림만 걸려 있어야 해요. 어쩌면 나중에 인테리어 디자이너가 될지도 모르겠어요. 아니면 가수가 되고 싶기도 해요.

노라는 감정이 풍부하고 미적인 면에 예민한 HSP다. 주변 환경이 우아하고 조화롭고 아름답길 바란다. 그러면서도 새로운 일을 시도하고 싶어 하고 처음 가보는 장소에 가보고 싶어 하고 오르락내리락하는 감정을 즐기기도 한다.

두 자매 모두 HSP지만 노라는 강한 자극을 추구하는 HSS 성향이기도 하다. 이 두 사람의 공통점은 예민하다는 것 외에도 세심하고 신중하게 생각하는 것, 충동적으로 행동하며 위험을 감수하기보다는 계획을 세우고 따르는 걸 좋아하는 편이라는 점이었다. 아론 박사는 고도 민감성의 반대가 강한 자극 추구가 아니라고 한다. 고도 민감성은 위험을 감수하는 충동성과 대립된다고 할 수 있다.

주의력 결핍 과잉행동장애(ADHD)가 있는 사람들 또한 고도로 민감한 사람들일 가능성이 높다. 겉보기에는 HSP와 ADHD 사이에 공통점이 적어 보인다. ADHD의 특징에는 자극을 피하려는 경향이 포함되지 않는다. 사실 그 반대인 경우가 많다.

ADHD의 뇌는 동기부여를 하고 일을 시작하고 끝내게 하는 신경전달물질인 도파민에 충분히 접근하지 못한다. 뇌가 충분한 도파민을 활용하지 못하면 다른 방식으로 자극을 얻으려고 하고, 신선하고 색다른 경험을 추구하거나 호기심이 이끄는 대로만 행동하려 한다. 그래서 ADHD를 갖고 있는 사람들은 HSP 검사의 여러 항목에서 높은 점수를 받지 못한다.

열일곱 살의 아이크의 경우가 그러했는데, 아이크는 처음에 이 결과 앞에서 실망했다.

질문에 대답하면서 내가 HSP에서 점점 멀어지는 것 같다는 생각을 했고, 솔직히 실망했어요. 시끄러운 소음이나 밝은 조명에 관한 질문이 많았는데, 그런 건 그리 거슬리지 않거든요. 하지만 안절부절못할 때가 많아요. 마치 뭔가를 원하고 필요한 것이 있는데, 그게 뭔지 모르겠다는 느낌이요. 그러면서도 저는 확실히 예민하거든요. 공감 능력도 강하고요. ADHD 진단을 받았는데 여전히 내 안에서는 다른 무언가가 일어나고 있다고 느껴요. 어쩌면 내가 잃어버린 퍼즐이 강한 자극을 추구하는 성향일지도 모른다는 생각이 들어요.

아이크는 하나의 용어로는 자신이 어떤 사람인지를 설명할 수 없다는 것, 자기는 어떤 꼬리표로도 규정될 수 없다는 사실을 발견하는 중이다. 그는 그저 아이크일 뿐이다. 내가 다른 누구도 아닌 나 자신인 것과 마찬가지다.

CHAPTER 10
나는 안전하고
모든 것이 괜찮다

어떤 날은 그저 힘들다. 학교에서 기운 빠지는 일이 있었다. 실망스러운 성적표를 받는 순간 눈앞이 캄캄해지고 담임선생님의 한마디에 상처를 받았다. 집 분위기도 좋지 않고 부모님에게 아무리 호소해도 나를 이해해 주지 않는 것 같아서 답답하다. 친구들이 자기들끼리 놀 계획을 세워서 소외감이 느껴지고 약간의 배신감마저 든다.

이제까지 긍정적으로 생각하려고 노력하고 스스로 이렇게 말해왔다. "이 또한 지나가리라."

내일 아침에는 분명히 더 나아지리라는 사실을 알면서도 지금 당장은 기분이 끔찍하게 나쁘고 감정적으로나 육체적으로나 지쳐 있다. 목에 뭔가 걸린 것만 같고 가슴에 무거운 돌덩이가 있는 듯 내내 마음이 불편하다. 이렇게 비참한 기분으로 저녁까지 보내고 싶지는 않고 이런 기분으로 잠자리에 들기도 싫다.

내일이 올 때까지 견딜 수 있도록 도와주는 심리치료 기반의 간단한 방법들을 소개하겠다.

생각이 현실을 만들어낸다: 인지행동치료

인지행동치료(CBT, Cognitive Behavioral Therapy)는 생각이 현실을 만들어낸다는 개념을 바탕으로 한다. 생각 자체가 반드시 사실은 아니고, 오히려 사실이 아닌 생각 때문에 정신적인 고통을 겪기도 한다. 인지행동치료는 이렇게 묻는다.

"혹시 일어난 일이 아니라 그 일에 대한 나의 믿음이 나를 아프게 하고 있는 건 아닐까?"

예를 들어 학교 복도에서 어떤 친구와 마주쳤는데, 나는 웃으며 손을 흔들었고 그 친구는 앞만 보고 걸어가 버렸다. 처음에는 단순히 놀랐지만 수학 시간에 자리에 앉을 즈음에는 실망, 불안, 분노 같은 온갖 복잡한 감정이 차례차례 지나간다.

그 친구가 웃거나 손은 흔들지 않았던 시간과 수학 시간에 자리에 앉은 시간 사이에 무슨 일이 일어났을까? 그때 나는 생각을 했다. 아마도 처음에는 "무슨 일이지?"라고 생각했을 것이다. 그리고 그다음 생각으로 옮겨갔다. "나한테 뭐 화난 거 있나?" 그러다가 또 다른 생각으로 이어졌다. "저 애가 나를 안 좋아하나 보다." 그때부터 생각은 건너뛰기 시작한다. 내가 뭔가 잘못했나 보다. 또 다른 단계로 넘어간다. "내가 그렇게 꼴조차 보기 싫은 사람인가?" 이 마지막 생각은 괴롭다. 그리고 수학 시간 내내 이 생각 때문에 괴로워하면서 보낸다.

하지만 이 마음의 고통은 사실을 근거로 하고 있지 않다. '어쩌면 그럴지도 몰라.', '아마 그럴 거야.', '만약에 그러면 어떡하지?' 같은 추측에 바탕을 두고 있다. 인지행동치료는 오직 실제로 일어난 일, 사실로만 돌아가라고 지적한다. 나는 친구를 보며 웃고 손을 흔들었지만 친구는 웃어주거나 인사하지 않았다. 인지행동치료는 이 일과 관련해 추가 정보를 얻기 전까지는 이 사실에 의미를 부여하지 말라고 한다.

인지행동치료는 사람들이 사고할 때 실수를 저지른다는 점도 가르쳐준다. 이러한 사고의 실수를 '인지 왜곡(Cognitive distortion)'이라고 한다. 실제로는 단순한 사고 오류일 뿐이며, 복도를 걸어갈 때 했던 여러 생각들 역시 인지 왜곡이다. 다음은 여러 가지 유형의 인지 왜곡이다.

- 마음 읽기(Mind Reading)
  - 다른 사람이 무슨 생각을 하는지 안다고 가정한다.
- 미래 예측(Fortune-telling)
  - 앞으로 무슨 일이 일어날지 안다고 가정한다.
- 파국화(Catastrophizing)
  - 가장 나쁜 일이 일어날 것이라고 상상한다.
- 긍정 무시(Discounting the Positive)
  - 긍정적 사실이나 신호가 중요하지 않다고 치부한다.
- 흑백 사고(Either/Or Thinking)
  - 이 상황의 진실은 최고나 최악 중 하나라고만 여긴다.
- 공정성의 오류(Fallacy of Fairness)
  - 인생이 언제나 공평해야 한다고 믿는다.
- 개인화(Personalization)
  - 통제할 수 없는 일조차 모두 내 탓이라고 믿는다.

오늘 복도에서 일어난 그 가상의 사건에서 한 발 떨어져서 보자. 앞에서 열거한 인지 왜곡(사고의 오류) 때문에 내가 상황을 더 괴롭게 만든 건 아닐까? 친구, 가족, 선생님, 내가 잘 알지도 못하는 사람들이 나에 대해서 어떻게 생각할지에 관해 근거 없는 상상을 하고 그것이 사실이라고 단정하면서 온갖 괴로운 감정을 끌어모으고 있지는 않은가?

혹시 불안을 느끼는 이유가 내가 파국화를 해서는 아닐까? 내가 상상할 수 있는 가장 최악의 상황이 반드시 벌어지고 말 것이라고 생각하는 것이 아닐까? 나쁜 결과를 자꾸 생각하면 불안은 커질 수밖에 없다. 그러한 생각에 끌려다니지 말자. 파국화는 우리의 마음이 우리 스스로를 겁주기 위해 쓰는 전략일 뿐이다.

혹은 지금 내가 이 상황에서도 부정적인 면에 집중하고 긍정적인 면을 불신하고 있지는 않은지 생각해 보자. 그런 다음 이제까지 자꾸 마음에서 몰아냈던 긍정적인 요소와 가능성의 목록을 나열해 보자. 이 목록에서 사고의 오류가 있는지 보고 어떤 생각 때문에 내가 투명하고 객관적으로 생각하지 못했는지 살펴봐야 한다.

마지막으로 다음을 고려하자.

- 어떤 일이 일어났는지 '나에게 계속 말하면' 실제로 일어난 일보다 더 많은 고통이 생길 수 있다.
- 이게 모두 '나 때문에' 일어난 일이라고 말하면 내가 저지른 실제의 실수보다 더 큰 고통으로 다가온다.

예민한 사람들은 자기 자신에게 엄격하거나 가혹한 경향이 있고, 사고의 오류를 범하며, 스스로를 심하게 다그치거나 자책하기도 한다. 마치 우리들 머릿속에 우리를 심문하고 단죄하는 검사가 살고 있는 것과 같다. 이제부터는 우리 머릿속에 나를 대리해 주는 변호사가 있다고 생각해 보자. 그 변호사는 검사의 비난을 열심히 방어한다. 그 생각들이 사실은 아니라는 것을, 그저 생각일 뿐이라는 것을 기억하자. 생각이 머릿속에 떠오를 때는 그 생각을 알아차리고 이해하되 사실로 받아들이지는 말자.

　　　그런 차원에서 인지행동치료는 내 생각에 의문을 제기하고 점검하게 한다. 나아가 변증법적 행동치료는 그 생각으로 인해 생긴 감정을 다루는 법을 도와준다. 변증법적 행동치료가 어떻게 도움이 되는지 살펴보자.

나를 수용하고 균형을 찾는다:
변증법적 행동치료

변증법적 행동치료(DBT, Dialectical Behavior Therapy)는 심리학자 마샤 리네한(Marsha M. Linehan) 박사가 고안한 치료법이다. 내가 나의 모든 생각들, 그중에서도 사실이 아닐지도 모르는 생각을 믿게 되면 그로 인해 더욱 힘든 감정을 느끼게 된다는 개념을 바탕으로 한다.

변증법적 행동치료는 다루기 쉽지 않은 감정을 잘 처리할 수 있도록 도와준다. 어떤 문제에 대해 두 가지 생각 다 옳을 수 있고, 두 가지 감정을 동시에 느껴도 괜찮다는 사실을 받아들이게 하는 것이다. 만약 한 가지만 옳다고 생각하고 한 가지 감정만 유지하려고 애쓰면 점점 더 마음이 고단해진다. 어떤 상황 앞에서 슬퍼도 괜찮고 화가 나도 괜찮지만, 그와 동시에 시간이 지나면 괜찮아질 것이고 실제로 지금 이 순간 괜찮은 면도 있다. 물론 실망했고 속상한 것도 당연하고 이 감정을 있는 그대로 인정하지만, 그러면서도 지금 내 방에 가서 좋아하는 음악을 듣고 고양이를 무릎에 올려놓고 쓰다듬다 보면 괜찮아진다는 사실 또한 알고 있다. 지금 이 순간의 나는 단지 화가 난 사람두 아니고 그렇다고 헤시 인진한 장소에서 고양이의 사랑을 받고 있는 평화로운 사람만도 아니다. 나는 둘 다 해당된다. 두 가지 모두 진실이다.

인지행동치료와 변증법적 행동치료는 서로 관련이 깊고, 이 두 가지 치료법을 병행하면 특히 더 효과가 좋다. 인지행동치료는 이것 아니면 저것이라는 흑백 사고가 생각의 오류라고 지적한다. 변증법적 행동치료는 상황을 극단적으로 볼 때 생기는 감정의 고통을 덜어준다. 양극단을 모두 보게 하고 양쪽 다 어느 정도 진실이 있다는 것을 인정한 뒤에 그 중간 지점에서 균형을 찾도록 안내한다.

예를 들어 다시 앞에서 말한 복도의 가상 상황으로 돌아가 보자. 그 일이 일어나고 난 뒤 나는 수학 시간에 자리에 앉아서 복잡하고 아픈 감정에 빠져든다. 지금 나는 인지행동치료에서 말하는 흑백 사고의 오류에 빠져 있다. 만약 내가 호감 가는 사람이었다면 친구도 손을 흔들고 웃어주었을 거라 생각하고, 모두가 나를 싫어할 거라는 근거 없는 생각 속에서 괴로워한다.

이럴 때 변증법적 행동치료는 먼저 이 괴로운 감정이 무엇인지 알아채게 한다. 두려움? 맞다. 불안? 맞다. 상처? 맞다. 투명 인간 취급을 당했다는 데서 오는 분노? 맞다. 손을 흔들었는데도 무시당한 데서 오는 당혹감? 이 또한 맞다.

다음 단계에서 변증법적 행동치료는 이 감정을 애써 억누르거나 밀어내려고 하지 않고, 있는 그대로 허용하고 받아들이라고 한다. 이 감정들을 바라보고 그대로 받아들인다. 너무나 정상적이고 당연한 사고의 흐름이기도 하고, 인간이라면 느끼게 되는 자연스러운 감정이다. 이 감정들은 내가 해변에 서서 바다를 바라보고 있을 때 다가오는 파도와도 같다. 가까이 다가왔다가도 멀리 떠밀려 간다. 그 감정들이 다가와서 나의 발과 다리를 완전히 적시도록 내버려두자. 이 감정의 파도가 나를 스쳐가고 난 뒤에 모래 속으로 스며드는 것을 지켜보자.

교실의 내 자리에 앉아서 마음속에 찾아오는 아픈 감정을 느끼자. 그러면서도 숨을 깊게 들이쉬면서 발바닥이 바닥에 닿아 있는 걸 느끼고 엄지손가락으로 나의 다른 손가락을 하나씩 가볍게 터치해 본다. 그리고 스스로에게 말한다.

"나는 안전하고 모든 것이 다 괜찮다."

이제 오늘의 현실 속 상황으로 시선을 돌려보자. 음악도 끄고 스마트폰도 잠시 내려놓은 뒤, 조용히 몇 분 동안 앉아 있어 보자. 지금 내 안에 어떤 감정이 존재하는가? 이 감정 하나하나를 알아차리고 이 감정을 모두 느껴도 괜찮다고 스스로에게 말해주자.

마음속에서 다시 그 해변가로 가서 바다를 마주 보고 서 있자. 감정의 파도가 나를 향해 차례차례 밀려온다. 한 파도가 지나가면 또 다른 파도가 나에게 다가왔다 멀어진다. 숨을 깊이 들이쉬고 내뱉자. 2초 정도 코로 깊게 들이쉬고 3초 정도 참았다가 입으로 4초 정도 내뱉는다. 나는 분명 속상하다. 그리고 나는 안전하고 모든 것이 괜찮다.

이 두 가지 상반된 생각과 감정이 동시에 사실이 될 수 있다는 사실에 기초하는 변증법적 행동치료는 '지금 이 순간을 개선하기(Improving the Moment)'라고 부르는 기술을 활용해 내가 오늘 경험하고 있는 감정을 잘 다룰 수 있게 한다. 지금 당장 상황을 바꾸거나 해결할 수는 없지만 지금 당장 내가 느끼는 순간은 조금 더 나아지게 만들 수 있다. '개선(IMPROVE)'이라는 단어를 한 글자씩 써보면서 다음을 연습해 보자(Greene, 2020).

I - 심상(Imagery)

내가 생각할 수 있는 가장 평화로운 장소를 상상해 보자. 그곳에 있는 내 모습을 그려보고, 나의 마음의 평화, 보살핌, 안전을 위해 필요한 모든 것을 갖고 있다고 생각하자. 내가 이 공간에 있을 때 가장 안정을 주는 색깔을 상상하자. 가장 위로가 되는 소리를 상상하자. 이곳에 있는 한 어떤 것도 나빠지지 않고 내게 방해가 되지 않는다. 이 공간에 특별한 이름을 붙여보고 필요할 때마다 이곳에 얼마든지 돌아올 수 있다고 생각하자.

M - 의미(Meaning)

나만의 가치를 생각해 보자. 내 삶에서 가장 중요하다고 생각하는 가치들은 무엇일까? 사랑, 믿음, 신뢰, 창의성, 성실, 친절, 낙관, 기대 등 모두 나의 인생의 굴곡들마다 나를 이끌어주었던 가치들이다. 이 가치들이 나의 인생에 어떤 의미와 목표를 부여하는지 떠올리자.

P - 기도(Prayer)

종교적인 의미에서의 기도가 아니어도 된다(물론 나의 신념에 부합한다면 종교적인 기도를 해도 된다.). 기도의 의미는 잠시 멈춰 서서 마음속으로 내게 평화, 확신, 희망을 가져다주는 언어를 만들어보는 것이다. 좋아하는 명언일 수도 있고, 노래 가사일 수도 있고, 초월적 존재를 향한 기도문이 될 수도 있다.

R – 이완(Relax)

6장에서 배운 심호흡 연습을 해보자. 모든 생각을 멈추고 숨을 깊이 들이마셨다가 잠시 머금은 뒤에 천천히 다시 내뱉는다. 나에게 가장 적당한 온도의 물로 샤워를 하거나 목욕을 하면서 몸을 이완시켜도 좋다.

O – 한 가지에 집중하기(One thing in the Moment)

여러 가지 불안한 생각들로 달려가는 대신 지금 내가 있는 곳에서 내가 할 수 있는 하나의 일에만 집중한다. 책장에 책을 꽂고, 플레이리스트의 노래를 정리하고, 강아지나 고양이의 털을 빗겨준다. 지금 내가 하고 있는 일에서 마음을 분산시키지 않는다. 만약 생각이 과거에 있었던 나쁜 일로 자꾸 돌아가려 한다면 생각의 방향을 다시 현재 이 순간으로 돌아오게 한다. 지금 이 순간 하고 있는 것에만 집중하고, 지금 하고 있는 것만 생각하자. 그렇게 하면 내가 느끼는 감정 또한 점점 옅어질 것이다.

V – 휴식(Vacation)

지금 당장 바다나 산으로 떠날 수는 없지만 30분이나 2시간 정도는 잠깐 시간을 낼 수 있다. 산책을 다녀올 수도 있다. 좋아하는 공원에 가거나 벤치에 앉아서 다람쥐들을 바라보고 있어도 된다. 부모님에게 방해하지 않았으면 좋겠다고 말씀드리고 영화를 한 편 보아도 괜찮다. 핵심은 나를 화나게 하는 그 상황을 거듭 생각하는 것에서 잠시 휴가를 주는 것이다. 그 '휴가'에서 돌아오면 감정이 조금 더 안정되고 덜 아프게 느껴질 것이다.

E – 격려(Encouragement)

　　속상한 일이 생기고 그 부정적인 면에만 집중할 때는 스스로를 비판하긴 쉽다. 하지만 동시에 스스로를 응원할 수 있다는 사실은 잊어버리곤 한다. 재판에서 검사와 변호사에게 동일한 시간을 주어야 하는 것처럼 내 안의 치어리더에게도 동일한 시간을 주어야 한다. 언제든 내 말을 들어주거나 나를 격려해 주고 용기를 북돋아줄 가족이나 친구에게 다가가도 되고, 때로는 스스로를 격려해 주어도 된다! 힘든 날도 얼마든지 견뎌내고 원래의 나로 돌아올 수 있다고 말하자. 변증법적 행동치료는 여러 가지 일이 동시에 사실이 될 수 있음을 가르쳐준다. 나는 화가 났고 기분이 울적하지만, 이 괴로운 감정을 처리할 수 있고 다시 회복할 수 있다.

　　변증법적 행동치료의 핵심 요점은 감정적인 괴로움은 일시적이고 나는 생각보다 빨리 나아진다는 것이다. 기분이 좋아지게 만드는 첫 번째 방법은 먼저 나를 괴롭게 하는 이 감정이 무엇인지 인지하고 그 감정과 싸우기보다는 그 감정을 받아들이고 충분히 느끼는 것이다. 이 괴로움은 일시적이며 언젠가는 떠나갈 것이라는 사실을 상기해야 한다. 지금 이 순간 내가 할 수 있는 일에 집중하면서 나 자신을 격려해 보자.

CHAPTER 11
나를 나로 완성하는
긍정의 말들

이제부터는 나를 격려하는 말들이 필요하다. 긍정 확언, 즉 긍정적 자기 선언을 소리 내어 말하는 것은 부정적인 사고 습관을 바꾸고, 씻어내기 어려운 불편한 감정을 감소시키는 데 도움이 된다. 긍정 확언은 스트레스를 낮추고 내 안의 가장 좋은 모습과 연결시켜 주기도 한다.

긍정 확언 문장들을 쉽게 꺼내보고 싶다면 다이어리나 스마트폰에 기록해 두거나, 노트북이나 거울, 사물함 안쪽에 붙여두자.

긍정 확언 말하기

아래의 긍정 확언을 자주 소리 내어 말해보자.

- 예민함은 나를 나로 완성하는 아름다운 부분이다.

- 예민함은 내가 감사히 여기는 선물이다.

- 예민함은 나의 가장 큰 강점 중 하나다.

- 예민한 나의 성향을 즐기고 누리자.

- 나는 예민한 사람이라서 훌륭한 리더가 될 수 있다.

- 나는 예민한 사람이라서 내가 속한 모임에서 특별한 통찰을 보이고 전할 수 있다.

- 나는 예민한 사람이라서 친구를 진심으로 배려하고 의리 있는 친구가 될 수 있다.

- 나는 예민한 사람이라서 현명한 판단을 하고 신중한 결정을 내린다.

- 나는 예민한 사람이라서 문제 해결에 능숙하다.

- 예민한 나는 나를 있는 그대로 받아들이고 즐긴다.

- 나의 능력과 재능을 믿는다.

- 나에게는 단점이 있지만 그래도 괜찮다.

- 나 자신과 다른 사람에게 인내심을 가지자.

- 나는 나 자신과 다른 사람에게 연민을 가지고 있다.

- 나는 나를 위해 당당히 말할 수 있고, 나만의 방식으로 행동할 수 있다.

- 좋은 경험이든 나쁜 경험이든, 모든 경험이 나를 성장시킨다.

- 나는 속상할 때 스스로를 위로하고 진정시키는 방법을 잘 알고 있다.
- 괴로움은 일시적인 것이며, 나는 이 상황을 이겨내고 헤쳐 나갈 수 있다.
- 기쁠 때나 슬플 때나 나는 안전하고 사랑받는 존재다.
- 나는 사랑으로 나 자신을 감싸고 있다.
- 나는 안전하고 모든 것이 괜찮다.

참고 문헌

Acevedo, B. P., E. N. Aron, A. Aron, M. Sangster, N. Collins, and L. L. Brown. 2014. "The Highly Sensitive Brain: An fMRI Study of Sensory Processing Sensitivity and Response to Others' Emotions.", *Brain and Behavior* 4(4): 580-594.

American Psychiatric Association. 2013. *Diagnostic and Statistical Manual of Mental Disorders*, 5th ed. Washington, DC: American Psychiatric Association Publishing.

Aron, E. N. 2020. The Highly Sensitive Person: *How to Thrive When the World Overwhelms You*, 25th anniversary ed. New York: Citadel.

———. 2023 "Highly Sensitive High Sensation Seekers— Giving Equal Love to Both Parts." *The Highly Sensitive Person*, June 27. https://hsperson.com/highly-sensitive-high-sensation-seekers-giving-equal-love-to-both-parts.

Daniels, E. 2023. "6 Ways a Highly Sensitive Person's Brain Is Different." *Dr. Elayne Daniels* (blog), December 9. https://drelaynedaniels.com/6-ways-a-highly-sensitive-persons-brain-is-different.

Greene, P. 2020. "DBT: IMPROVE the Moment—How to Make Crises Bearable." *The Manhattan Center for Cognitive-Behavioral Therapy*, July 27. https://manhattancbt.com/dbt-improve-the-moment.

Morissette, A. 2017. "Episode 12: Conversation with Dr. Elaine Aron(video)." *YouTube*, December 12. https://www.youtube.com/watch?v=l6fXYBqw-tM.

Patil O., and M. Kaple. 2023. "Sensory Processing Differences in Individuals with Autism Spectrum Disorder: A Narrative Review of Underlying Mechanisms and Sensory-Based Interventions.", *Cureus* 15(10).

Rampelli, M. 2022. "The Hysteric and the HSP." *The Journal of Medical Humanities* 44(2): 145-165.

Samson, R. 2021. "No, Being Autistic Is Not the Same as Being Highly Sensitive.", *Psychology Today*, December 7. https://www.psychologytoday.com/us/blog/the-highly-sensitive-child/202112/no-being-autistic-is-not-the-same-being-highly-sensitive.

Zickgraf, H. F., E. Richard, N. L. Zucker, and G. L. Wallace. 2022. "Rigidity and Sensory Sensitivity: Independent Contributions to Selective Eating in Children, Adolescents, and Young Adults.", *Journal of Clinical Child and Adolescent Psychology* 51(5): 675-687.

청소년을 위한
예민함이라는 무기

초판 1쇄 인쇄 2026년 4월 15일
초판 1쇄 발행 2026년 4월 20일

지은이 | 레아 노링
옮긴이 | 노지양
펴낸이 | 한순 이희섭
펴낸곳 | ㈜도서출판 나무생각
편집 | 양미애 백모란
디자인 | 박민선
마케팅 | 이재석
출판등록 | 1999년 8월 19일 제1999-000112호
주소 | 서울특별시 마포구 월드컵로 70-4(서교동) 1F
전화 | 02)334-3339, 3308, 3361
팩스 | 02)334-3318
이메일 | book@namubook.co.kr
홈페이지 | www.namubook.co.kr
블로그 | blog.naver.com/tree3339

ISBN 979-11-6218-387-8 43180